Junge PFALZ

Oliver Götz · Josy Jones · Kai-Uwe Lippler

ENTLANG DER WEINSTRASSE GIBT ES VIELE SCHÖNE RASTPLÄTZE, UM DIE PFÄLZER NATUR ZU GENIESSEN

AUF DEM 610 METER HOHEN WEISSENBERG BEI MERZALBEN HAT MAN VOM LUITPOLDTURM DEN PERFEKTEN BLICK AUF DEN PFÄLZER WALD

INHALT

10
HIER FINDEN SIE DIE
JUNGEN UNTERNEHMER
DER PFALZ

12
UNSERE REISE DURCH
DIE JUNGE PFALZ

16
GLAUBE, DER DIE
JUGEND BEGEISTERT!

22
CAFÉ SUSANN
KAFFEEHAUS

27
FRÄULEIN LENZ
GEMÜSEANBAU

28
HETSCHMÜHLE
VINOTHEK

32
SCHLOSS JANSON
WEINGUT

34
BLACK SHEEP TATTOO
TATTOO-STUDIO

36
WEINGUT BLAUL UND SOHN
WEINGUT

39
WEINGUT SECKINGER
WEINGUT

40
WEINSTRASSENLIEBE
CONCEPT STORE FÜR MODE UND INTERIEUR

44
CAFÉ NOSTALGIE
CAFÉ

46
SOLE MIO
SALZGROTTE

48
DIE SPEYERER FLEISCHBOUTIQUE
FLEISCH-FACHGESCHÄFT

50
DIE BROTPURISTEN
BÄCKEREI

52
HERZ ÜBER KOPF
KULTURAGENTUR

54
NATURPUR
NATURKOSMETIK-SHOP

58
SIR HENRY
KREATIVAGENTUR

EIN BLICK IN DIE ALTSTADT VON BAD BERGZABERN IN DER SÜDPFALZ

INHALT

60
ROHSTOFF
WEINFACHHANDLUNG

62
WEINGUT SOMMER
WEINGUT

64
VERSICHERUNGSBÜRO URICH
VERSICHERUNGSBÜRO

66
WEIN- UND GÄSTEHAUS ZÖLLER
WEINGUT

70
NEUE WEGE JUNGER WINZER

76
WEINGUT SCHREIECK
WEINGUT

80
ST. MARTINER WEINHÄUSEL
RESTAURANT

82
KAISERS IDEENREICH
GRAFIK- UND WERBEAGENTUR

88
WEINGUT ST. ANNABERG
WEINGUT

90
METZGEREI KIEFFER
PRIVATER SCHLACHTHOF UND METZGEREI

92
HOFGARTEN ROSA
GÄSTEHAUS

94
CARO'S CAFÉ & STYLE
CAFÉ, DEKO- UND GESCHENKARTIKEL

96
GUT VON BEIDEN
WEINGUT

98
TEAM KERNGESUND
FITNESS UND GESUNDHEIT

103
KULTURCANTINA
GASTRONOMIE UND BUCHHANDEL

104
SÖRKEL – CAFÉ WEIN UND CO
RESTAURANT

BLICK ÜBER REBSTÖCKE AUF DAS WEINDORF FORST UND DESSEN KIRCHTUM

INHALT

106
HAUTNAH
TÄTOWIERSTUDIO

108
UNVERPACKT LANDAU
LEBENSMITTEL-GESCHÄFT

110
BEAUTÉ CONCEPT
KOSMETIK UND WELLNESS

112
ESSLUST
FLEISCH- & WURSTWAREN

114
MIT HERZ UND LEIDENSCHAFT
WOLLE & KREATIVES

118
JUNGE KUNST SUCHT VIELE DIMENSIONEN

124
WEINROT
KAFFEE & WEINZIMMER

126
KG NATUR PUR
HOLZMÖBEL

129
JOSY JONES
GRAFIKDESIGN UND ILLUSTRATION

130
KELLERGESTALTER
ATELIER FÜR GRAFIK-DESIGN

134
CULINARIUM
RESTAURANT

136
JULAINE
WOLLE, STOFF & STUFF

138
KAFFEEFLECK
KAFFEERÖSTEREI & MEHR …

140
WEINGUT GEISSER
WEINGUT

144
ADRESSVERZEICHNIS

152
IMPRESSUM

KARTE

HIER FINDEN SIE DIE JUNGEN UNTER-NEHMER DER PFALZ

KUSEL

ZWEIBRÜCKEN

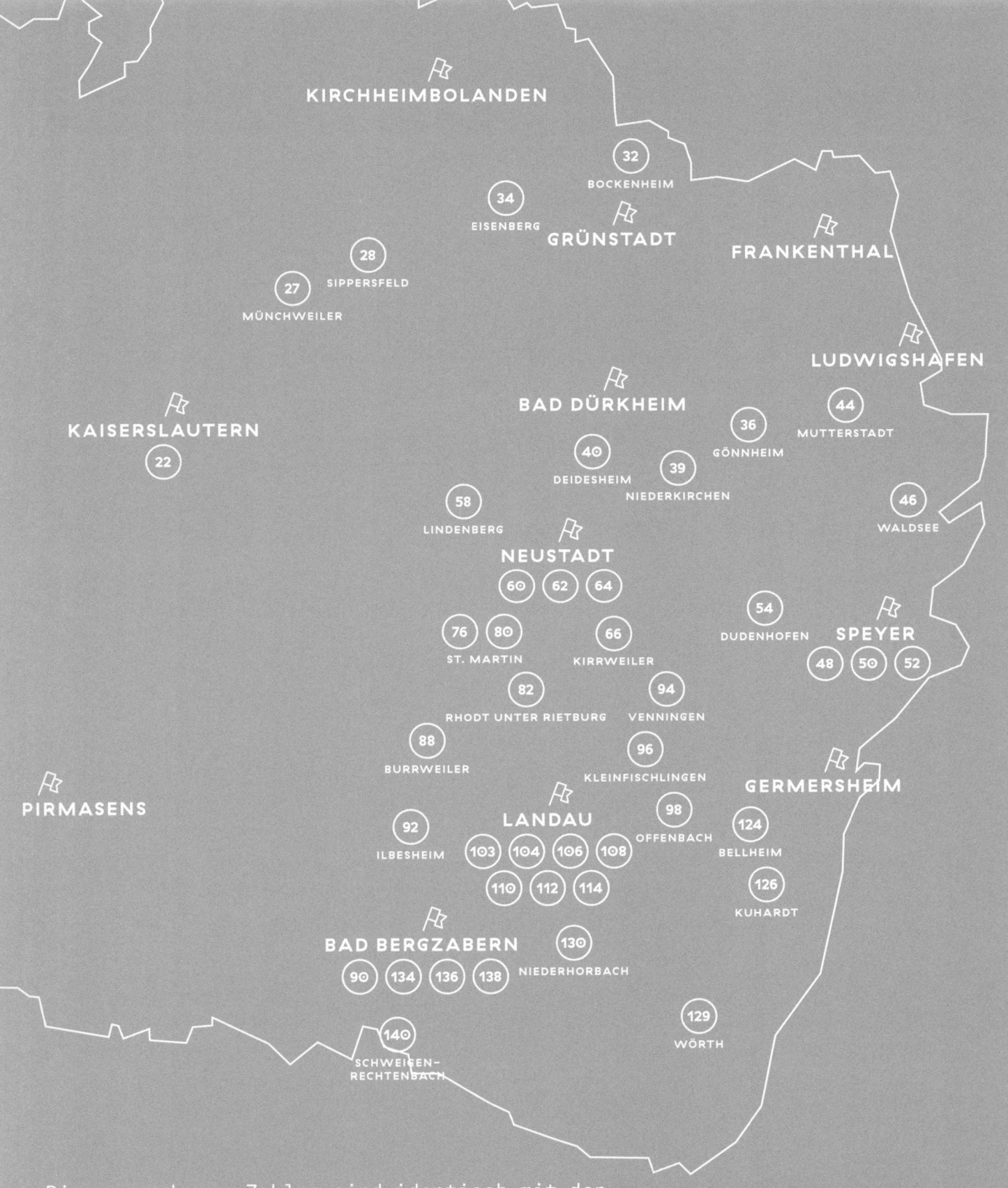

Die angegebenen Zahlen sind identisch mit den Seitenzahlen der einzelnen Betriebe in diesem Buch und bezeichnen ihre Lage in der Region.

UNSERE REISE DURCH DIE JUNGE PFALZ

Ein Land ist so jung und lebendig wie der Herzschlag, der darin pulsiert. Und davon hat die Pfalz viel zu bieten. Eine Auswahl junger Impulsgeber wird Ihnen in diesem Buch begegnen. An Menschen mit jungen und frischen Ideen fehlt es der Pfalz sicher nicht. Gehen wir auf Entdeckungsreise und lernen die „Junge Pfalz" kennen.

Fortschrittlich handeln und Traditionen ehren sind auf den ersten Eindruck Gegensätze an sich. Doch genau diese Kombination verbindet die einzigartigen Menschen in diesem Buch. Ob Jungunternehmer, Quereinsteiger oder Erbe eines gestandenen Familienunternehmens — die Wurzeln dieser außergewöhnlichen Unternehmen befinden sich in der Pfalz und werden von ihnen geehrt, indem sie alte Traditionen beibehalten und ihre eigenen neu erfinden. Als Autorin hatte ich die Ehre, die Geschichten dieser Menschen mit jungen Ideen näher kennen, zu lernen und wurde immer wieder aufs Neue positiv überrascht. Sie sind der Inbegriff dafür, dass man das Rad nicht immer neu erfinden muss, dennoch hat jeder von ihnen einen Weg gefunden, diesen für sich neu zu interpretieren. — **Josy Jones, Autorin**

Auf unserer Reise durch die Pfalz haben wir uns die Frage gestellt: „Was ist jung?" Dabei haben wir die unterschiedlichsten Antworten bekommen: Oft begegnete uns die nächste Generation, die mit hoher Qualifikation und viel Elan Altbewährtes fortführt und weiterentwickelt. Dann sind es die Start-ups, die mit einer komplett neuen Idee die Welt erobern wollen. Und schließlich habe ich eine Gruppe Menschen entdeckt, die mitten im Leben eine Kehrtwendung machen, das Alte hinter sich lassen und komplett neu starten. Hier entstehen Unternehmen mit viel Herzblut, die mehr den Menschen als den Profit im Fokus haben. Ich bewundere den Mut und das Engagement, was mir so oft begegnet ist. — **Oliver Götz, Fotograf und Autor**

„Es passiert aber auch so viel Neues bei uns in der Pfalz", ist das Zitat einer Unternehmerin, was mich täglich inspiriert und beflügelt hat. Bei sehr offenen und spannenden Gesprächen durfte ich von Visionen und genialen Geschäftsideen erfahren, die die Herzen der Unternehmer und deren Kunden zum Hüpfen bringen. Dieses Funkeln in den Augen sehen sowie deren Professionalität, Optimismus und Positivität spüren zu dürfen, erfüllt mich mit tiefer Dankbarkeit und ist das, was alle hier in „Junge Pfalz" verbindet und ausmacht. Machen auch Sie sich daher jetzt auf den Weg und lassen Sie sich von den jungen Lösungen beflügeln! — **Kai-Uwe Lippler, Recherche**

EINER DER GROSSEN WIRTSCHAFTSFAKTOREN IN DER PFALZ: DER PFÄLZER WEIN

GLAUBE, DER DIE JUGEND BEGEISTERT!

Junge Musik für junge Ohren!

JUNGE PFALZ

Connexion: Ein Jugendgottesdienst, der Jugendliche und Twens aus der ganzen Pfalz zusammenbringt!

» Wir behandeln Themen, die die Jugend bewegen. «

Connexion: Ein Jugendgottesdienst, der Jugendliche und Twens aus der ganzen Pfalz zusammenbringt! Wer meint, dass der christliche Glaube für die Jugend keine Rolle mehr spielt, kennt die Jugendgottesdienste im erlebt Forum in Landau noch nicht. Connexion heißt das Erfolgsmodell. Ein Eventgottesdienst, der speziell auf Jugendliche und Twens zugeschnitten ist! „Wir behandeln Themen, die die Jugend bewegen", sagt Ji-Yoon Park, der als Jugendpastor in Landau Connexion mit aufgebaut hat. „Wir sprechen alles an: Party, Sex, Glaube und Wissenschaft. Dabei richten wir uns gezielt an junge Menschen, die in ihrer wichtigen Identitäts-Findungsphase stecken." Und die Botschaft kommt an: Jeden Monat strömen ca. 150–200 Jugendliche zu den Events am Freitagabend. Hier trifft sich eine bunte Mischung aus allen christlichen Lagern und Neugierigen der Pfalz. Und jeden Monat werden es mehr!

01 _ Zeitgemäße Vorträge mit kompetenten Rednern.

02 _ Ji-Yoon Park, Jugendpastor bei erlebt Forum Landau

Modernes Ambiente im erlebt Forum Landau

Selbst gestalten statt konsumieren. Handys an! Und Fragen per WhatsApp direkt in den Gottesdienst!

„Wir laden die Jugendlichen ein, um aktiv mitzugestalten. Gerne laden wir Bands aus anderen Gemeinden der Region ein und manche Jugendkreise sind bereits fester Bestandteil des Jugendgottesdienstes geworden." So versteht sich Connexion als ein eigenständiges Jugendevent für die ganze Pfalz mit übergemeindlichem Charakter. Hier heißt es: Handys an! Denn Fragen kannst du direkt während des Gottesdienstes per WhatsApp senden. Im Anschluss versucht das Team, Rede und Antwort zu stehen.

Wir nehmen unsere Arbeit sehr ernst und das setzt Professionalität voraus!

Die Arbeit von Connexion zeigt deutlich die Handschrift von Menschen, die selbst begeistert von ihrem Glauben sind. „Nur was wir authentisch vorleben, kann Jugendliche mitreißen", erklärt Ji-Yoon, der als erfolgreicher Produktmanager für Computerspiele eine berufliche Kehrtwendung gemacht hat. Neben seinem Theologiestudium ist er jetzt halbtags als Jugendpastor bei der Er-Lebt-Gemeinde Landau aktiv. „Wir sind uns unserer Verantwortung bewusst. Wenn wir unsere Sache ernst nehmen wollen, stellen wir kompetente Redner auf die Bühne." So ist es nicht selten, dass zu Themen namhafte Fachspezialisten eingeladen werden, die die Fragen der Teens und Jugendlichen mit Tiefgang beantworten. Connexion profitiert von den neuen und zeitgemäßen Räumen des erlebt-Forums. Hier ist alles auf dem aktuellen Stand der Technik. Ob Sound oder Video-Übertragung auf Großbildleinwänden — die Events können im Vergleich zu manchen Konzerten von Musikbands locker mithalten.

03

04

Wir vermitteln Kernwerte: Jesus hat heute noch Relevanz für jeden Menschen!

„Wir glauben, dass die Botschaft der Bibel heute noch genauso aktuell ist wie früher. Jesus hat Relevanz für jeden Menschen. Wer das versteht, wird einfach verändert werden", sagt Ji-Yoon, dem man anmerkt, dass Glaube für ihn eine erlebbare Realität ist! In einer Umfrage unter Jugendlichen wurde gefragt: „Was hindert dich am Zugang zum christlichen Glauben?" Die Antworten kann man in drei Kernbereiche einteilen: Es gibt keinen Gott! — Es gibt zu viel Leid auf der Welt! — Keine Lust auf ein frommes Leben! „So haben wir eine Themenreihe speziell zu diesen Fragen ausgearbeitet und versucht, Antworten auf die Kernfragen der Jugendlichen zu geben." Connexion ist somit ein relevanter Förderer der Pfälzer Jugend geworden. Und das nicht nur im Blick auf einen festen und gesunden christlichen Glauben, sondern auch auf die Charakterbildung und Wertevermittlung, und das tut der Jungen Pfalz in jeder Hinsicht gut.

03 _ Connexion: Zeitgemäße Jugendgottesdienste, die begeistern.

04 _ Livemusik von jungen Künstlern im Gottesdienst.

05 _ Fragen, die während des Gottesdienstes per WhatsApp kamen, werden beantwortet.

CAFÉ SUSANN
KAFFEEHAUS

Wer in Kaiserslautern unterwegs ist und vom geschäftigen Treiben der Stadt etwas entspannen will, wird sich über eine Oase in der Innenstadt freuen. Hier hat Maike Susann Gemba im Zentrum von Kaiserslautern ihren Traum Wirklichkeit werden lassen.

„Ich wollte schon immer mit meinen eigenen Händen arbeiten und dabei Gutes bewirken", erklärt sie voller Überzeugung. Während meines Studiums wurde plötzlich dieser wunderbare Raum frei, und mir war klar: Jetzt oder nie." Aus der Schwäche für guten Kaffee wie auch der Liebe zur Natur und gesundem Essen entstand schließlich das Café Susann in der Innenstadt von Kaiserslautern, in direkter Nähe zum Wochenmarkt. Vor der Fensterfront lassen einige geparkte Kinderwagen bereits erahnen, dass hier ein Treffpunkt für Jung und Alt auf den Besucher wartet. Die selbstgefertigte Inneneinrichtung und die bunte Mischung antiker Stühle verbreiten im lichtdurchfluteten Café eine ungezwungene, friedliche Atmosphäre. Schnell fällt auf, dass Maike Susann Gemba sich persönlich um ihre Gäste kümmert. Mit viel

» Hier ist ein Wohlfühlplatz, wo ich Mensch sein darf und sich Visionen entwickeln können! «

Maike Susann Gemba

Herzlichkeit sieht sie den Menschen in jedem Gast. Ganz natürlich entwickeln sich Gespräche. Hier spielt die Zeit keine Rolle und Stress scheint ein Fremdwort zu sein. Einfach mal abschalten und genießen. „Essen ist eine Leidenschaft", erklärt Maike Susann Gemba, die ihre Liebe zu gutem Essen aus ihrer Familie mitgebracht hat. „Wir möchten den Kreislauf der Dinge berücksichtigen und achten sehr auf die Herkunft unserer Produkte. Wir kennen alle unsere Bauern persönlich und wissen, dass es den Tieren dort gut geht." So ist Maike Susann Gemba in ihrer Freizeit gerne draußen in der Natur und genießt, was in ihren Augen so schützenswert ist. „Man kann etwas Sinnvolles tun, und wir haben alle eine Verantwortung für unsere Schöpfung." Neben Kaffee und Kuchen bietet das Café auch einen wechselnden Mittagstisch, natürlich mit regionalen Produkten aus der aktuellen Saison. Dabei werden auch vegetarische, vegane und glutenfreie Gerichte serviert. Ganz aktuell ist ein Frühstücksangebot mit Hirseporridge, Guten-Morgen-Müsli und bunter Frühstücksplatte. „Wir haben sogar Veganer in unserer Küche", bemerkt Maike Susann Gemba mit einem Lächeln. Und wenn man sie und ihr junges Team erlebt, erfährt man, was gelebte Freundlichkeit ist. Hier darf sich jeder wohlfühlen und wertgeschätzt wissen. Und das wird auch deutlich, wenn man einen Blick auf die

Speisekarte wirft, die immer wieder Neues bietet. Ein ganz besonderer Ort ist der kleine begrünte Innenhof. Liebevoll dekoriert und bepflanzt, bietet er im Sommer ein kühles Plätzchen und wirkt wie eine wohltuende Oase. „Wir engagieren uns für den sinnvollen Umgang mit Natur und Ressourcen. Hier wird nichts unnötig weggeworfen", sagt die gebürtige Pfälzerin. „Wir möchten ein wenig bewegen in unserer Stadt!" Um das zu verwirklichen, verwandelt sich das Café an manchen Abenden zu einem Ort der Kultur. Auch für die Zukunft sind Veranstaltungen, wie Lesungen und Konzerte, in Planung. So zeigt Maike Susann Gemba viel Engagement bei gemeinsamen Aktionen in der Stadt. „Hier ist ein Wohlfühlplatz, wo ich Mensch sein darf und sich Visionen entwickeln können!" Und dies ist eine Herzenssache, garantiert.

CAFÉ SUSANN
MAIKE SUSANN GEMBA
OSTERSTRASSE 7 · 67655 KAISERSLAUTERN
T 0631 84286771
INFO@CAFESUSANN.DE · WWW.CAFESUSANN.DE

FRÄULEIN LENZ
GEMÜSEANBAU

Bei Fräulein Lenz schmeckt's nach Kindheit!

Auf der Suche nach Nachhaltigkeit, Sinn und persönlicher Erfüllung gründeten Anne Faber und Carla Jennewein 2016 den kleinen Gemüseanbau „Fräulein Lenz". Nach einigen Jahren in der Forschung war für die beiden Bioloninnen die Zeit reif für einen Neuanfang. „Es sollte sein wie in Omas Bauerngarten", erzählen sie von ihrem gemeinsamen Traum. „Nachhaltig, ökologisch, mit samenfesten Sorten und natürlich ohne Einsatz von Chemie. Einfach gutes Gemüse!" Die Kunden bekommen das, was frisch geerntet wurde — und sogar direkt nach Hause geliefert. „Wir kaufen nichts zu. Die Saison bestimmt das Angebot." Im Hof der elterlichen Klostermühle wurde ein kleiner „Markttag" geschaffen. Hier kann man direkt einkaufen und dabei Kaffee und selbstgebackenen Kuchen genießen. „Unsere Quiche und die eigene Lenz-Limo sind sensationell", erzählen beide mit leuchtenden Augen. Alles natürlich mit frisch geernteten, eigenen Produkten. „Draußen sein, ernten, was man selbst gesät hat, und der direkte Kundenkontakt, das schenkt uns Erfüllung und Freude."

FRÄULEIN LENZ
ANNE FABER UND CARLA JENNEWEIN
MÜHLSTRASSE 19 · 67728 MÜNCHWEILER
T 0157 71411006
KONTAKT@FRAEULEIN-LENZ.DE · WWW.FRAEULEIN-LENZ.DE

HETSCHMÜHLE
VINOTHEK

Für viele Camping- und Wanderfreunde ist die Hetschmühle im „Oberen Pfrimmtal" ein Begriff für Urlaub, Erholung und Genuss.

Jetzt ist das Reiseziel um ein weiteres Highlight reicher: Walter Hetsch und Karin Kaufeld haben sich den Traum von einer kleinen, feinen Vinothek erfüllt. Nun öffnet sich für alle Gäste eine weitere Oase der Entspannung bei einem guten Glas Wein und Snacks oder selbstgebackenem Kuchen und Torte in der Vinothek oder auf der herrlichen Außenterrasse mit Loungebereich direkt am Mühlenweiher. Besondere Qualitätsweine wurden ausgewählt, damit die Weinkarte für Kenner und Liebhaber Überraschungen bietet. „In unserem Naturpark finden die Gäste für ihren Urlaub die gewünschten Übernachtungsmöglichkeiten. Ob Zelt, Caravan, einfache Holzhütte oder komfortable Chalets, Appartements oder Zimmer im historischen Bauernhof aus dem 17. Jahrhundert, die Auswahl ist groß. Viele Stammgäste bestätigen uns: Wer uns einmal kennengelernt hat, wird uns sicher wieder besuchen."

HETSCHMÜHLE · WALTER HETSCH
PFRIMMERHOF 3 · 67729 SIPPERSFELD
T 06357 9753-80 ODER 81
INFO@CAMPINGPLATZ-PFRIMMTAL.DE
WWW.CAMPINGPLATZ-PFRIMMTAL.DE · WWW.HETSCHS-VINOTHEK.DE

BLICK VON DER BURG NEULEININGEN AM NORDRAND DES PFÄLZER WALDES

BOCKENHEIM

SCHLOSS JANSON
WEINGUT

Mit Kurt und Sarah Janson, die das Weingut nun seit über 10 Jahren führen, ist ein junger und moderner Stil in die Schlossmauern eingezogen. „Wir haben nach und nach fast alles auf den Kopf gestellt", erklärt Sarah Janson.

Von der neuen Vinothek im englischen Landhausstil über ein Relaunch der Flaschenausstattungen bis zur Erweiterung des Weinsortiments lassen sich die Spuren der jungen Weinmacher im traditionsreichen Weingut deutlich erkennen. Im Studium hatte Kurt Janson seine Sarah im entfernten Long Island (USA) während eines Praktikums kennengelernt. Jetzt tragen Weine und Weingut einen gewissen internationalen Touch. Wer das Weingut besucht, spürt das gewisse Extra, welches von der Handschrift der beiden geprägt ist. Mit einem Leuchten in den Augen erzählt Kurt Janson von seinen Weinen: „Im Fokus stehen bei uns Riesling und Burgunder. Ich schätze die feine Eleganz und die klare Note des jeweiligen Terroirs. Herausragende Highlights sind der Riesling Klosterschaffnerei und ein Chardonnay, der im Barrique ausgebaut wird. „Unsere Weine und unseren Stil muss man erleben."

WEINGUT SCHLOSS JANSON
KURT UND SARAH JANSON
SCHLOSSWEG 8 · 67278 BOCKENHEIM/WEINSTRASSE
T 06359 4148
INFO@SCHLOSS-JANSON.DE · WWW.SCHLOSS-JANSON.DE

BLACK SHEEP TATTOO
TATTOO-STUDIO

Schon im Eingangsbereich des Studios fällt auf: Hier sind kreative Hände am Werk.

Wohnzimmer-Atmosphäre, alte Bilder, Vintage-Stil und moderne Deko-Elemente geschickt kombiniert, geben einen ersten Eindruck der Kunst von Filip Dubowski und Ewa Zagajewska. In Ihrem Tattoo-Studio mitten in Eisenberg nehmen sie sich viel Zeit für ihre Kunden. „Ein gutes Tattoo braucht nicht nur eine gute Technik und Erfahrung, sondern auch viel kreatives Geschick", erklärt Filip, der sich über lange Jahre als Autodidakt viel Know-how in der Kunst der Tattoo-Malerei erworben hat. Regelmäßig nehmen er und Ewa an internationalen Conventions teil. „Hier lernen uns viele neue Kunden kennen, wir bleiben am Puls der Zeit und lernen viel im Austausch mit anderen Tattoo-Künstlern." Ob in Dotwork, Watercolor oder im Neotraditional Style, jede Technik produziert spezielle Effekte. „Eine gute Beratung und das Vertrauen der Kunden in die Qualität unserer Arbeit sind die Grundlage für das perfekte Ergebnis. Schließlich tragen unsere Kunden unsere Handschrift ein Leben lang auf der Haut."

BLACK SHEEP TATTOO
FILIP DUBOWSKI
PHILIPP-MAYER-STRASSE 7 · 67304 EISENBERG
T 06351 4781632
INFO@BLACKSHEEPTATTOO.DE · WWW.BLACKSHEEPTATTOO.DE

EISENBERG

GÖNNHEIM

WEINGUT BLAUL UND SOHN

WEINGUT

In den Gönnheimer „Wingerten" der Familie Blaul, die bereits über 400 Jahre Weinbau betreibt, wächst mehr als nur schmackhafte Trauben für ausgezeichnete Weine heran. Seit der Übernahme des Jungwinzers Dennis Blaul wächst auch der Familienbetrieb und profitiert durch seine junge und dynamische Philosophie.

Unterstützung erhält der Jungwinzer vor allem von seinen Eltern, die ihm beim Ausbau der Weine großes Vertrauen schenken und ihm komplette Freiheit lassen. Das nötige Fachwissen dafür eignete sich Dennis Blaul während seines Studiums für Weinbau und Oenologie in Geisenheim an. Mehrere Monate in einem renommierten und Demeter-zertifizierten Weingut in Südafrika prägen unter anderem die neuen Weine des Jungwinzers. Dort konnte er wichtige Praxiserfahrung für die Vinifikation von Rebsorten wie Sauvignon Blanc, Cabernet Sauvignon und Syrah sammeln. Inspiriert vom südafrikanischen Weinbau, kreierte Dennis Blaul einen neuen Rotwein-Cuvée mit internationalem Charakter. Dieser trägt den Namen „Black Soul" und wurde, wie es sich für einen Winzer gehört, bei einem guten Glas Wein mit befreundeten Musikern einer Rockband benannt. Das Album der Band trägt denselben Namen wie der kräftige und schwere Wein, der passend zum Namen sogar eine entsprechend dunkle Farbe hat. Zahlreiche Prämierungen, wie beispielsweise der Ehrenpreis 2017, sind Beweis, dass der Jungwinzer dem Namen Blaul gerecht wird. Trotz erfolgreicher Änderungen soll der Betrieb aber nicht an Tradition verlieren und weiterhin ein klassischer Familienbetrieb bleiben und dessen Werte beibehalten. Dazu gehört auch, dass man seine Kunden persönlich kennt und täglich mit der Familie und Mitarbeitern zu Mittag isst.

WEINGUT BLAUL UND SOHN
DENNIS BLAUL
LUDWIGSTRASSE 42 · 67161 GÖNNHEIM
T 06322 63952
WEINGUT-BLAUL@T-ONLINE.DE · WWW.WEINGUT-BLAUL.DE

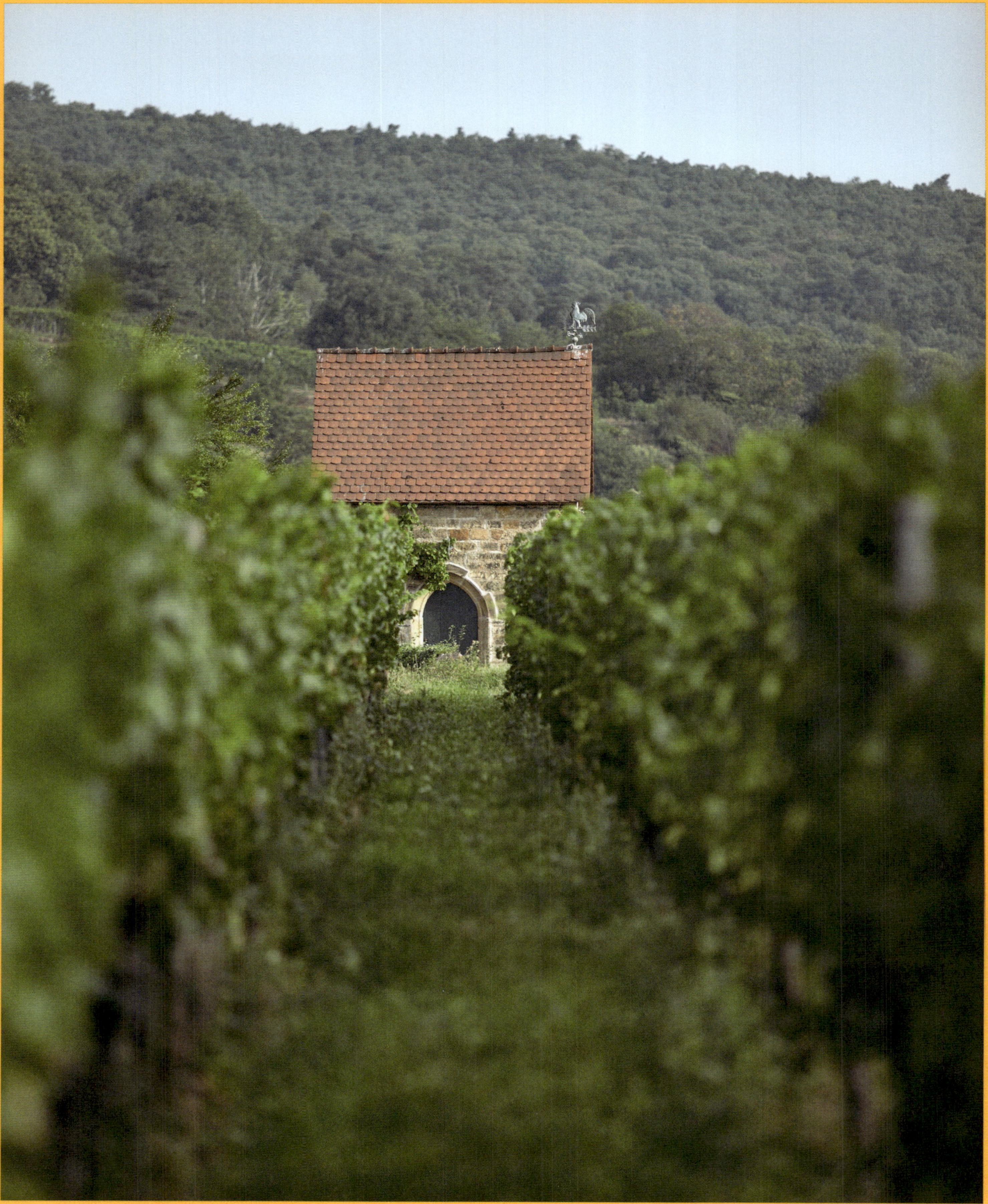

WEINGUT SECKINGER
WEINGUT

NIEDERKIRCHEN

„Wir arbeiten mit der Natur und nicht gegen sie", so lautet die Philosophie des Weinguts Seckinger.

Gegründet wurde der Familienbetrieb 2012 von den Brüdern Philipp, Jonas und Lukas, die noch immer Stück für Stück ihre Lagen und ihren Betrieb erweitern. Ihrer Philosophie getreu verlesen sie die Trauben für ihren Riesling, Grau-, Weiß- und Spätburgunder vorwiegend per Hand und pflegen die Reben schonend. Diese wachsen auf Lagen rund um Deidesheim und teils im Wald. Dort können die Trauben länger reifen und entfalten so ein einzigartiges Aroma. Besondere Bodenstrukturen und ein außergewöhnliches Kleinklima sorgen für besonders feinfruchtige und mineralische Rieslinge. Bei der Kellerarbeit verzichten die Jungwinzer komplett auf technische Weinbehandlungsmittel und lagern die Weine in Holzfässern. Durch den spontanen Gärungsprozess werden die Weine nicht durch das Hinzufügen von Hefe verfälscht und behalten ihren natürlichen Geschmack.

WEINGUT SECKINGER
JOSEF SECKINGER
HINTERGASSE 26 · 67150 NIEDERKIRCHEN
T 06326 980217
WEINGUT-SECKINGER@T-ONLINE.DE · WWW.WEINGUT-SECKINGER.DE

WEINSTRASSEN-LIEBE

CONCEPT STORE FÜR MODE UND INTERIEUR

Die Liebe zur Weinstraße verbindet viele Menschen. Da ist es nicht verwunderlich, dass schon ...

... der Name des Concept Stores von Kerstin Hinderberger und Simone Ritter in Deidesheim sich wie ein Lauffeuer herumgesprochen hat und zum Hype wird. „Wenn schöne Dinge ein gradliniges und cleanes Design haben, aber trotzdem cool sind, dann trifft es unseren persönlichen Geschmack", erklären beide Jungunternehmerinnen. Besonders holländische und skandinavische Marken setzen hier Trends, die sich auch in der Vielfalt der Produkte breit fächern und durch hochwertige Materialien auszeichnen. „Bevor wir neue Marken aufnehmen, achten wir darauf, dass wir damit in der Region einzigartig sind. Dabei wählen wir nur besondere Stücke in geringer Auflage." Inspirierend ist besonders die gelungene Zusammenstellung von Mode und Interieur-Artikeln. „Viele Frauen verstehen uns blind", behaupten beide mit einem Lächeln und ein wenig Stolz. So kommt es, dass das Ladengeschäft an der Weinstraße immer öfter als Meetingpoint zum Verabreden genutzt wird. Die Liebe zu den schönen Dingen verbindet eben.

WEINSTRASSENLIEBE
KERSTIN HINDERBERGER UND SIMONE RITTER
WEINSTRASSE 15 · 67146 DEIDESHEIM
T 06326 2188011
INFO@WEINSTRASSENLIEBE.DE · WWW.WEINSTRASSENLIEBE.DE

DEIDESHEIM

BLICK VOM LUITPOLDTURM
AUF DEN PFÄLZER WALD

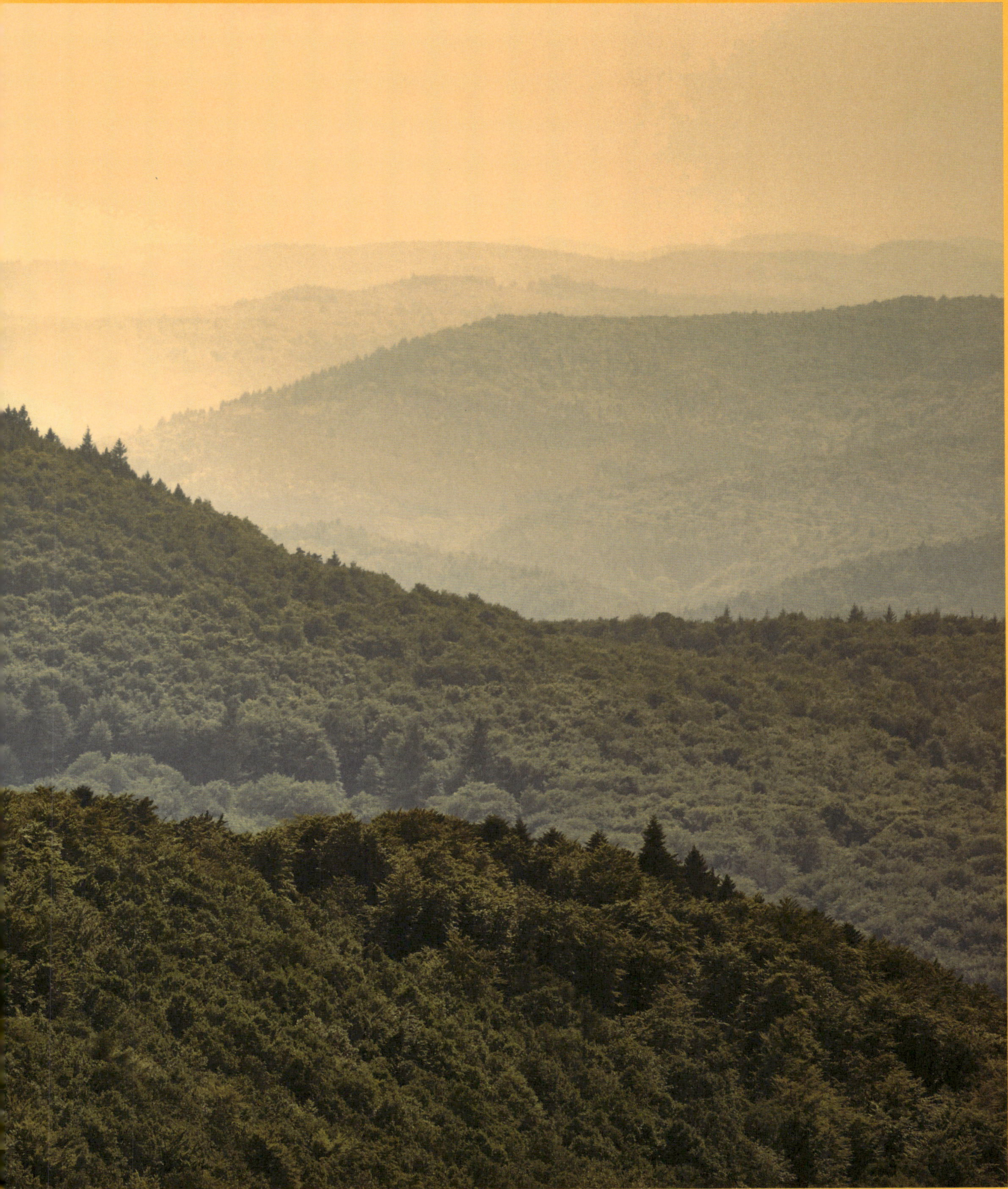

MUTTERSTADT

CAFÉ NOSTALGIE
CAFÉ

Im Café Nostalgie wird die gute alte Zeit von Oma wieder lebendig. Schon im Terrassenbereich des Cafés wird klar: Hier gibt es was zu entdecken!

Ein umhäkelter Baum, geschmückt mit allerlei Porzellan aus alten Zeiten, zeigt dem Besucher den Weg ins Café Nostalgie in Mutterstadt. „Hier ist Großmutters Wohnzimmer direkt spürbar. Und das zieht sich durch von A bis Z", erzählt Manuela Della Pepa, die sich mit ihrem Café einen Herzenswunsch erfüllt hat. Hier gleicht keine Sitzgruppe der anderen. Von Servietten über das Service mit wunderschönen Sammeltassen ist alles über Jahre zusammengetragen und liebevoll arrangiert. „Hier kann ich getrost auch alleine hingehen und fühle mich direkt wohl." Die warme Atmosphäre lässt die Gäste miteinander ins Gespräch kommen. Entweder gibt es wieder etwas Neues zu entdecken oder man spricht über die selbstgebackenen Kuchen, Dampfnudeln oder die Kartoffelsuppe. „Die muss man einfach probiert haben! Der Renner sind unsere Granatsplitter", schwärmt Frau Della Pepa: „Hier ist gut Rum drin!"

CAFÉ NOSTALGIE
MANUELA DELLA PEPA
AN DER FOHLENWEIDE 35 · 67112 MUTTERSTADT
T 06234 9453849
WWW.CAFE-NOSTALGIE-MUTTERSTADT.DE

SOLE MIO
SALZGROTTE

Mit 72 qm zählt das Sole Mio in Waldsee zu einer der größten Salzgrotten im pfälzischen Raum. Ausreichend Platz, um gemütlich den Alltag zu entschleunigen, ist jedoch nur eine der Besonderheiten, die die Grotte zu bieten hat.

Abwechslungsreiche Sitzungen, wie Autogenes Training und Klangtherapie, bieten Gästen immer wieder aufs Neue ein Stück Urlaub vom Alltag. Der regelmäßige Besuch einer Salzgrotte kann sich aufgrund des besonderen Klimas zudem positiv auf das Immunsystem, die Atemwege und das zentrale Nervensystem auswirken. So können beispielsweise Symptome von Asthma, Neurodermitis und diverse Lungenkrankheiten gelindert werden. Um ihren Gästen deshalb immer wieder etwas Neues anbieten zu können, sorgt Inhaberin Sarina Schneider alle zwei Monate für ein neues Themen-Programm, welches über Facebook bekannt gegeben wird. So gibt es zur Weihnachtszeit zum Beispiel eine Adventssitzung, bei der die Kunden Glühwein genießen können. Im heißen Sommer hingegen lädt die Grotte bei angenehmen 22 Grad dazu ein, in der „Chill-Out-Sitzung" zu entspannen und anschließend einen Fruchtcocktail zu trinken. Noch mehr Wellness für Körper und Seele bietet Sole Mio durch ein vielseitiges Beauty-Programm. Wellnessmassagen, Gesichts- und Körperbehandlungen, mit denen das junge Team seine Gäste ausschließlich mit schonender Naturkosmetik verwöhnt, sorgen für zusätzliche Entspannung und ein gesundes Hautbild. Die tiefenreinigenden Peelings aus reinem Bergsalz entziehen der Haut schädliche Giftstoffe. Im hauseigenen Shop rund um Salz gibt es die Körpersalze und Salzkristalllampen auch für ein besseres Wohlbefinden zuhause. Ein vielseitiges Sortiment an Speisesalzen und ein abwechselndes Salz des Monats eignen sich als Wohltat für sich selbst oder als Mitbringsel für Feinschmecker.

SOLE MIO
SARINA SCHNEIDER
SCHILLERSTRASSE 5 · 67165 WALDSEE
T 06236 5099360
INFO@SALZGROTTE-WALDSEE.DE · WWW.SALZGROTTE-WALDSEE.DE

SPEYER

DIE SPEYERER FLEISCHBOUTIQUE
FLEISCH-FACHGESCHÄFT

Wenn der Fleischeinkauf zum Event wird!

„Viele der Käufer zelebrieren bereits den Einkauf meiner Produkte." Wenn Sebastian Jess in seinem Verkaufsladen seine Ware in Top-Qualität präsentiert, stehen manche Kunden mit leuchtenden Augen da. Hier geht es um Fleisch, genauer gesagt um Premiumfleisch. Eine intensive Beratung ist dabei fester Bestandteil eines jeden Einkaufs. Simmentaler Roastbeef, bis zu 10 Wochen Dry Aged, Ribeye vom Bison oder Wagyu, T-Bone-Steaks vom Black Angus oder Karree vom Wollschwein, da blüht das Herz des Gourmets auf. Der studierte Tierwissenschaftler kam auf der Suche nach Top-Qualität zu dem Entschluss, eine eigene kleine Fleischboutique zu eröffnen, die seinen Traum erfüllt. „Wir versuchen, jeden Wunsch unserer anspruchsvollen Kunden zu erfüllen, und besorgen das Beste, egal aus welchem Land. Wichtig dabei ist, dass man nur gute Qualität liefern kann, wenn alle Glieder der Produktionskette berücksichtigt werden. Dies gilt besonders für die Haltung und Schlachtung der Tiere", erklärt er überzeugt. „Neben dem reinen Verkauf von Fleisch und Veranstaltungen in Restaurants sind private Fleisch-Tastings sehr gefragt; hier werden Unterschiede ‚erschmeckt' und Zubereitungsempfehlungen an die Hand gegeben."

DIE SPEYERER FLEISCHBOUTIQUE
SEBASTIAN JESS
KLEINE PFAFFENGASSE 3 · 67346 SPEYER
T 06232 8719733
INFO@FLEISCHBOUTIQUE-SPEYER.DE · WWW.FLEISCHBOUTIQUE-SPEYER.DE

DIE BROTPURISTEN
BÄCKEREI

Brot in seiner Ursprungsform – ohne Zusatzstoffe, ohne technische Enzyme – ist das Besondere und zugleich das Einfache der in Speyer gelegenen Backstube.

Täglich gibt es vier verschiedene Brotsorten, die das junge Team nach dem Prinzip „Qualität statt Quantität" nur mit den notwendigsten Zutaten herstellt. Dabei wird der Sauerteig selbst angesetzt und lediglich bei dem Baguette wird dem Teig etwas Hefe hinzugefügt. Neben den reduzierten Zutaten ist auch die Form der Brote ein Qualitätsmerkmal. Da jeder Laib handgeformt wird, gleicht kein Brot dem anderen. Den Backprozess können Kunden beim Broteinkauf in der offenen Backstube beobachten. Oftmals wandert dabei ein noch warmer Laib direkt vom Ofen in die Tüte zum Verkauf. Inhaber und Diplom-Betriebswirt Sebastian Däuwel lernte das Puristische eines einfachen Brotes bereits in der Kindheit lieben. Aufgrund der Rarität an traditionellen Bäckereien entdeckte er das Backen für sich und machte mit der Eröffnung der Backstube sein Hobby zum Beruf.

DIE BROTPURISTEN
SEBASTIAN DÄUWEL
BAHNHOFSTRASSE 51/53 · 67346 SPEYER
T 0177 4702094
SEBASTIAN@DIEBROTPURISTEN.DE · WWW.DIEBROTPURISTEN.DE

SPEYER

SPEYER

HERZ ÜBER KOPF
KULTURAGENTUR

Wenn Christiane Hochreither von ihren Künstlern spricht, merkt man sofort, dass hier viel Herzblut mit im Spiel ist.

„Musiker und Künstler live erleben gibt pure Lebensfreude", erzählt sie begeistert. Die gelernte Erzieherin hatte im Laufe ihrer Ausbildung viel Berührung mit der Bühne. Ob beim Aufbau einer Theaterarbeit, in der Regieassistenz oder in ihrer spielpädagogischen Zusatzausbildung mit Schwerpunkt Zirkus. „Es hat mich immer erfüllt, mit Menschen zu arbeiten", erzählt sie begeistert. „Jetzt kann ich Orte schaffen, an denen man sich wohlfühlt und Musik und Kunst die Herzen verzaubert." Mit viel Organisationstalent bietet „Herz über Kopf" alles, was ein Event unvergesslich macht. Vom eigenen Techniker bis hin zum Catering ist alles perfekt geplant und durchorganisiert. „Immer wieder werde ich von neuen Künstlern angefragt, die mein Portfolio weiter ergänzen. Mittlerweile sind regelmäßige Events mit meinen Künstlern zum festen Bestandteil des Kulturangebotes in der Region geworden. Dabei konnte ich bereits einige feste Partner mit top Locations gewinnen. Meine Musiker muss man einfach erleben!"

HERZ ÜBER KOPF
CHRISTIANE HOCHREITHER
KAROLINGERSTRASSE 10 · 67436 SPEYER
T 0170 6972777
KONTAKT@HERZUEBERKOPFKULTUR.DE · WWW.HERZUEBERKOPFKULTUR.DE

NATURPUR
NATURKOSMETIK-SHOP

Ursprünglich kommt Simone Werling aus der Sport- und Ernährungsberatung. Die Nachfrage ihrer Kunden nach ...

... hochwertigen, aber natürlichen Pflegeprodukten wurde immer größer, woraufhin sie 2012 mit einem Onlineshop startete. Seit Herbst 2017 kann man das stark erweiterte Sortiment auch in einem Ladengeschäft in Dudenhofen kaufen. „Langjährige Erfahrung mit unseren eigenen Produkten und permanente Schulungen durch die Hersteller ermöglichen uns eine kompetente Beratung", erklärt Simone Werling. „Unsere Kunden treten oft schon mit konkreten Vorstellungen und Fragen an uns heran. Eine gute Beratung gerade bei Naturhaarfarben ist unerlässlich. Aber die Zeit nehmen wir uns gerne." Gute Naturkosmetik muss nicht teuer sein. Hier findet auch der kleine Geldbeutel die passende Creme. „Wir arbeiten gerne mit unterschiedlichen Proben, die der Kunde mit nach Hause nehmen darf. So finden wir heraus, welches Produkt wirklich zum jeweiligen Hauttyp passt." Das ist ganzheitliche Beratung, die mehr und mehr die Kunden von naturPur begeistert.

NATURPUR
SIMONE WERLING
SPEYERER STRASSE 7 · 67373 DUDENHOFEN
T 06232 2984030
INFO@SHOP-NATURPUR.DE · WWW.SHOP-NATURPUR.DE

DUDENHOFEN

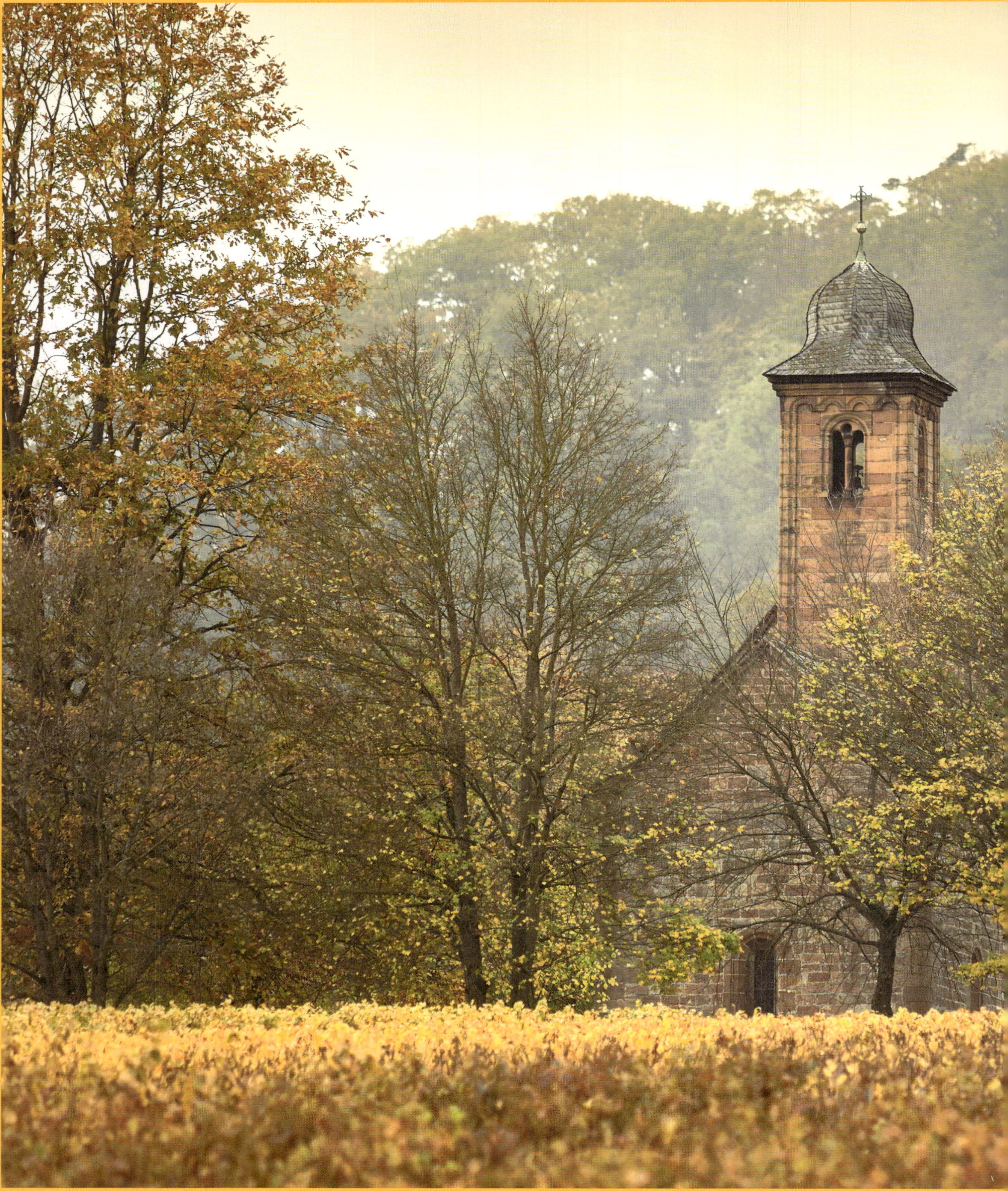

DIE NIKOLAUSKAPELLE BEI KLINGENMÜNSTER

LINDENBERG

SIR HENRY
KREATIVAGENTUR

Kreative Konzepte – starke Designs! Schon während des Fotoshootings für den Buchtitel wird deutlich:

Wirkliche Kreativität zeigt sich in der Begeisterung für neue Wege, im Mut zum Experiment und im Zusammenspiel der individuellen Stärken aller Teamplayer. Dabei wird nichts dem Zufall überlassen. Professionalität zieht sich durch bis ins Detail. Max Schmidt, Maike Hof und Björn Braun bilden den Kern der Kreativagentur Sir Henry im Herzen der Pfalz. „Wir schätzen den jeweiligen Erfahrungshintergrund und die Kompetenzen voneinander, deshalb sind wir als Team so stark." Obwohl die junge Agentur bereits für große Unternehmen als kreativer Dienstleister unterwegs ist, arbeitet sie auch mit Herzblut für Start-ups. „Wir nutzen unsere Erfahrungen gerne für junge Unternehmer. Uns ist es wichtig, den Kunden vor Ort zu erleben, um ihn in den kreativen Impuls mit hineinzunehmen!" Kreativität erlebbar – das macht Sir Henry!

SIR HENRY KREATIVAGENTUR
BJÖRN BRAUN · MAIKE HOF · MAX SCHMIDT
HAUPTSTRASSE 32 · 67473 LINDENBERG
T 06325 9807027
HALLO@SIRHENRY-KREATIVAGENTUR.DE · WWW.SIRHENRY-KREATIVAGENTUR.DE

ROHSTOFF
WEINFACHHANDLUNG

„Was von der Erde gewonnen wird und in der Natur gewachsen ist, sollte einen starken Charakter haben!"

Wenn Weine diese Hürde nehmen, sind sie bereit für das Sortiment von Johannes Lochner. In seiner exklusiven Weinfachhandlung in Neustadt an der Weinstraße findet man Weine, die polarisieren. „Man muss Winzer, Weinberg, Keller und Philosophie kennen, um die Besonderen unter den Besten zu finden", sagt Johannes Lochner, der als langjähriger Kellermeister weiß, wovon er spricht. Langfristige Beziehungen zu den Winzern und eine gesunde Einstellung zur Natur bilden den Background für eine Fachkompetenz, die beeindruckt. „Meine Kunden fragen gezielt nach Weinen, die man nicht an jeder Ecke kaufen kann." Genießer, die einmal aus dem Mainstream ausbrechen wollen, finden hier eine exklusive Weinauswahl, die überrascht, aber auch herausfordert. Mittlerweile setzt auch die gehobene Gastronomie auf das Sortiment von Johannes Lochner und schätzt seine Kompetenz. „Hier bekommen meine Weine die Bühne, die sie verdienen", erklärt er stolz.

ROHSTOFF WEINFACHHANDLUNG
JOHANNES LOCHNER
KUNIGUNDENSTRASSE 1 · 67433 NEUSTADT AN DER WEINSTRASSE
T 06321 9545628
INFO@ROHSTOFF-WEIN.DE · WWW.ROHSTOFF-WEIN.DE

NEUSTADT AN DER WEINSTRASSE

NEUSTADT-HAMBACH

WEINGUT SOMMER
WEINGUT

Am Fuße des Hambacher Schlosses gedeihen unter idealen Klimabedingungen die Reben für den schmackhaften Wein der Familie Sommer.

Seit vielen Generationen wachsen hier vor allem Riesling, Burgunder und Sauvignon Blanc heran. Traditionen sind im Familienbetrieb von großer Bedeutung, jedoch bekommen die Weine durch den Einfluss von Sohn Christoph auch eine moderne Note. Seitdem er die Verantwortung für Weinbau, Keller und Vermarktung übernahm, weisen unterschiedliche Kategorien auf verschiedene Geschmacksrichtungen und Herstellungsweise der Weine hin. So bestehen „bodenständige Weine" aus den klassischen Rebsorten, „eigenständig" steht für den etwas fülligeren Wein mit Struktur, „druckbeständig" sind alle Sekte und Seccos, und die Weine der Kategorie „unanständig" sind zu 100 Prozent handbearbeitet und reich an Charakter. Die ausgezeichnete Qualität der Weine bestätigt sich jedoch nicht nur im Geschmack: Der streng kontrollierte biologische Anbau und die Reifung des Weins zeigen sich auch im Biosiegel. Langjährige Kunden wissen aber vor allem den familiären Umgang der Sommers zu schätzen.

WEINGUT SOMMER
CHRISTOPH SOMMER
WINZERSTRASSE 25 · 67434 NEUSTADT-HAMBACH
T 06321 81702
INFO@WEINGUT-SOMMER.DE · WWW.WEINGUT-SOMMER.DE

VERSICHERUNGSBÜRO URICH
VERSICHERUNGSBÜRO

Eine gute Versicherung ist meistens erst erkennbar, wenn der Schaden bereits entstanden ist. Im Notfall an Ort und Stelle ist ...

... Inhaber der Neustadter Generalagentur der Württembergischen Versicherung Marc Urich für seine Kunden immer. Ehrlichkeit zum Versicherungsnehmer und Hilfe in Notsituationen stehen bei seiner Arbeit für ihn an erster Stelle. Diese Werte wurden Marc Urich von seinem Vater vermittelt, der vor über 45 Jahren das Versicherungsbüro gründete. Seit jeher gehört die Agentur zur selben Versicherungsgesellschaft, die gute Produkte, Verlässlichkeit und Unterstützung bietet. So ist es Marc Urich möglich, seine Kunden individuell für ihre Bedürfnisse ausführlich zu beraten und ihnen im Notfall schnell zu helfen. Außerordentlich wichtig ist ihm dabei ein gutes und freundschaftliches Verhältnis zum Versicherungsnehmer. Zusätzlich ist er Geschäftsführender Gesellschafter von Urich Consulting GmbH, welche er zusammen mit seinem Vater gründete.

VERSICHERUNGSBÜRO URICH
MARC URICH
GOETHESTRASSE 17 · 67435 NEUSTADT AN DER WEINSTRASSE
T 06327 645
MARC.URICH@WUERTTEMBERGISCHE.DE

DAS HAMBACHER SCHLOSS OBERHALB VON NEUSTADT: SCHAUPLATZ DES HAMBACHER FESTES IM JAHR 1832

KIRRWEILER

WEIN- UND GÄSTE-HAUS ZÖLLER
WEINGUT

In dem in Kirrweiler gelegenen Wein- und Gästehaus Zöller leben und arbeiten drei Generationen zusammen nach dem Motto:

„Eine Familie, ein Ziel." Dazu trägt jedes Mitglied der Familie mit seinem eigenen Aufgabenbereich bei. Die gemeinsame Verantwortung für den Weinbau und Keller bringen Vater Thomas und Sohn Felix mit ein. Bereits auf dem nahe gelegenen Weinberg arbeiten die Winzer für ein optimales Ergebnis eng miteinander und mit der Natur zusammen. Erfahrung und junge Ideen prägen die Arbeit im Keller, doch Entscheidungen über den Geschmack des Weins trifft die Familie ausschließlich in großer Runde. Spezialität des Hauses sind unter anderem die Burgunder- und Scheurebenweine, welche die Gäste auch gerne im hauseigenen Restaurant zu frischen, regionalen Gerichten genießen. Dabei legten Tochter Verena und ihr Restaurant-Team großen Wert auf Handarbeit und stellten Wurst und Leberknödel selbst her. Für Übernachtungsgäste stehen im Gästehaus Zöller 15 moderne und komfortable Zimmer und ein reichhaltiges Frühstück bereit.

WEIN- UND GÄSTEHAUS ZÖLLER
THOMAS ZÖLLER
MARKTSTRASSE 16 · 67489 KIRRWEILER
T 06321 58287
ZOELLER@WEINHAUS-ZOELLER.DE · WWW.WEINHAUS-ZOELLER.DE

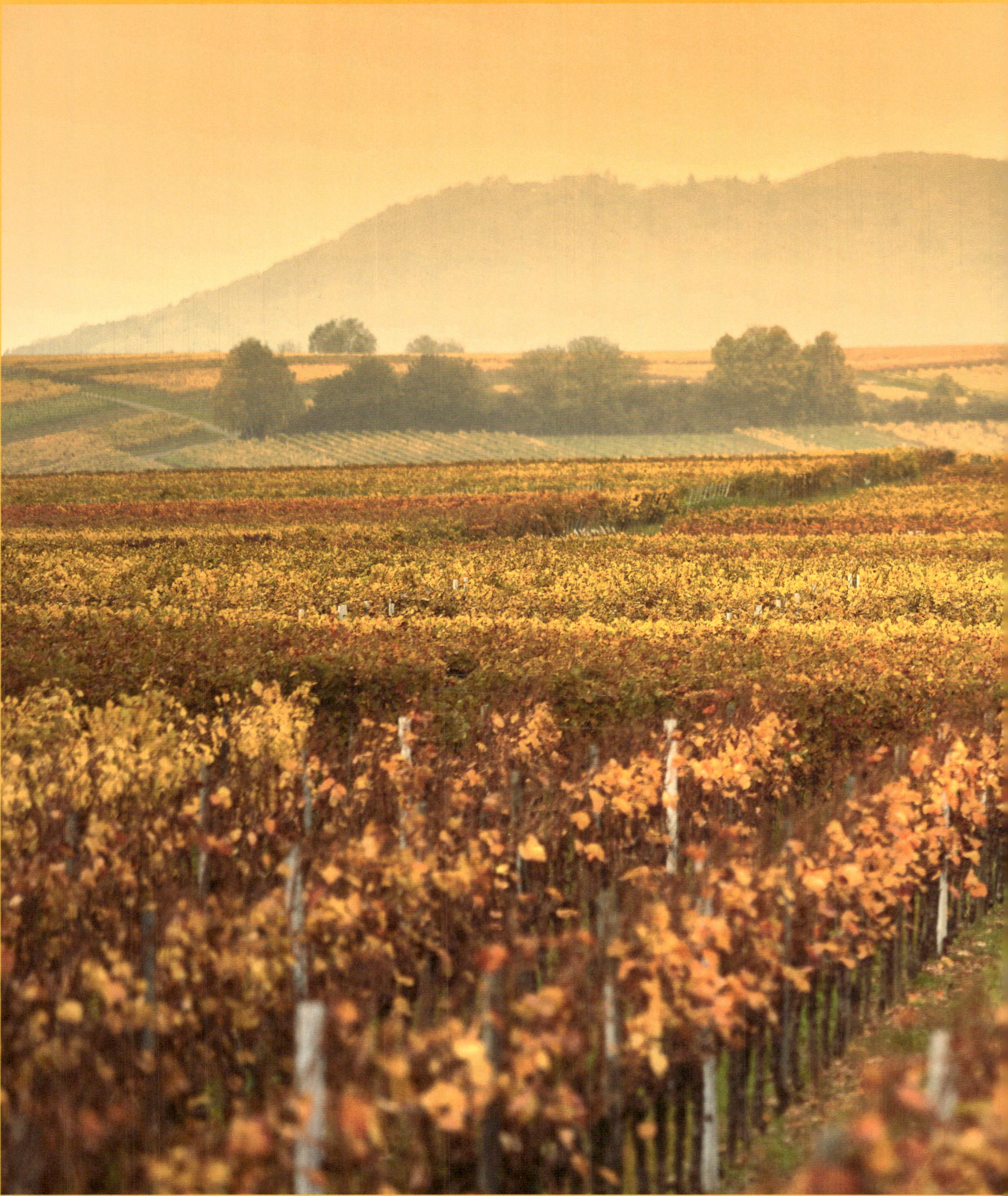

HERBST IN DEN WEINBERGEN DER SÜDPFALZ

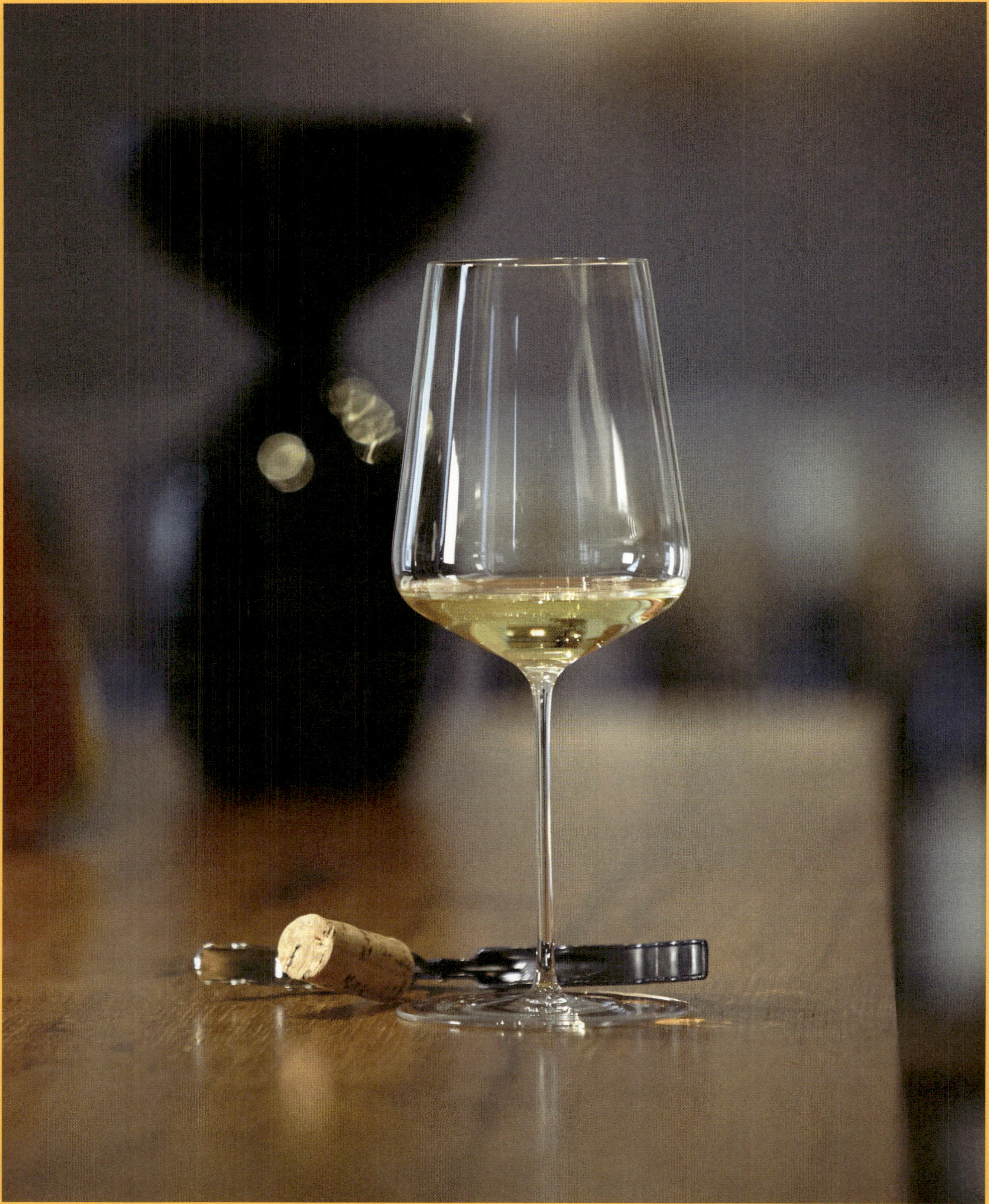

NEUE WEGE JUNGER WINZER

JUNGE PFALZ

JUNGE PFALZ

Marco Gulino: Jungsommelier bei
Dr. Bürklin Wolf in Deidesheim

Junge Talente mit viel
Potential nach oben!

JUNGE PFALZ

> » Junge Winzer schlagen wieder den Weg der Natürlichkeit ein. Wo man früher eher zielorientiert ausgerichtet war, sind heute Nachhaltigkeit, Verantwortung für die nächste Generation und die Umwelt mehr in den Fokus gerückt. «

Marco Gulino, der als Jung-Sommelier die neue Weinbar von Dr. Bürklin Wolf in Deidesheim leitet, kennt den Wein, die Winzer und die Pfalz. Der gebürtige Landauer mit Wurzeln in Sizilien startete seine Ausbildung als Restaurantfachmann bei der BASF. Danach lernte er beim Drei-Sterne-Koch Joachim Wissler im Schloss Bensberg und seinem Top-Sommelier Marco Franzelin. Anschließend kehrte er in den Weinkeller der BASF zurück und war dort für die Kundenbetreuung und den Verkauf zuständig. Neben der Leitung der Weinbar in Deidesheim studiert Gulino am Court of Master Sommeliers in England. Wer hier abschließt, gehört zu den Top-Sommeliers weltweit. So gehen auch viele junge Winzer heute den Weg über ein Studium, welches i. d. R. an ein Praktikum im Ausland gekoppelt ist. „Wir als Sommeliers sehen uns als Bindeglied zwischen Erzeuger und Verbraucher." Wir fragen nach bei Marco Gulino, der zusammen mit den jungen Winzern den Wein der Pfalz für die Zukunft prägen wird!

Weg von der Chemie, hin zur Natürlichkeit

Junge Winzer schlagen wieder den Weg der Natürlichkeit ein. Wo man früher eher zielorientiert ausgerichtet war, sind heute Nachhaltigkeit, Verantwortung für die nächste Generation und die Umwelt mehr in den Fokus gerückt. Jetzt teilen sich die Reben den Boden mit Kräutern und Hülsenfrüchten. „Das zieht Insekten und Tiere an, die zu einer natürlichen Vielfalt beitragen", erklärt Marco Gulino, der unter den jungen Winzern viele zu seinen Freunden zählt. „Man sieht es am Blattwerk, ob Glyphosat eingesetzt wurde oder nicht!"

Junge Winzer folgen Trends und experimentieren, sind sich aber trotzdem ihrer Verantwortung und der Tradition bewusst.

Die jungen Verbände wie die „Junge Südpfalz", „Generation Riesling" oder die „Winechanges" regen zu einem intensiven, fruchtbringenden Austausch an. Hier werden neue Trends geboren und Gemeinschaften geschlossen, die vor allem auch im Marketing helfen. „Natural Wine" und „Orange Wine" sind Ausrichtungen, die alte Weinkenner aufhorchen lassen. „Hier sind die Jungen sehr rege und jeder findet für sich eine eigene Prägung." Trotzdem wird die Verantwortung für den Bestand der Lagen und des Betriebes großgeschrieben. So beschränken sich die Versuche in der Regel auf eine Linie mit 1–2 Weinen. Schließlich kann es Jahre dauern, bis ein vorzeigbares Ergebnis zu Tage tritt. „Ganz im Trend sind Versuche, den Wein in Tonamphoren zu vergären. Hier kommen wilde Hefen und die Blätter mit zum Einsatz."

Weine, die so sein dürfen, wie sie sind, suchen sich ihre Liebhaber.

Ganz im Sinne der Natürlichkeit sind Weine mit abenteuerlichen Charakteren. Hier schmeckt man deutlich Boden und die Natur. Weine dürfen wieder sein, wie sie wachsen. Dann sucht sich der Wein seine Liebhaber und nicht umgekehrt. So ist der ausgereifte, trockene Riesling wieder zu einem Highlight geworden.

Ohne gutes Marketing geht nichts.

Wer heute aus der Masse der Winzer herausragen will, braucht eine gute Strategie. Marketing gehört daher an der Hochschule in Geisenheim zum Standardfach jedes Studierenden. Ob bei der Gestaltung der Etiketten, der Namensgebung, der eigenen Wein-Klassifizierung bis hin zum Vertrieb, es gibt vielfältige und sehr individuelle Vorgehensweisen. Und oft geben einige Senkrechtstarter das große Vorbild ab, dem viele zu folgen versuchen. Man bekommt auch den Eindruck, die Jungen kennen sich untereinander und es sieht aus wie eine große Familie, die eines gemeinsam hat: die Liebe zum Wein!

» Wir als Sommeliers sehen uns als Bindeglied zwischen Erzeuger und Verbraucher. «

ST. MARTIN

WEINGUT SCHREIECK

WEINGUT

Das malerische St. Martin an der Südlichen Weinstraße ist für Urlauber, die die Pfalz lieben, schon lange mehr als nur ein Geheimtipp.

Unmittelbar am Haardt-Rand und Eingang zum Pfälzer Wald etwas versteckt und für sich gelegen, gewährt der Luftkurort einen herrlichen Blick über die Rheinebene und hinauf zum Hambacher Schloss. Für Weinliebhaber, die beim Winzer Urlaub machen möchten, bietet das Traditions-Weingut Helmut Schreieck in St. Martin gleich drei Möglichkeiten, wie ganz klassisch die Übernachtung in den frisch renovierten Zimmern des Gästehauses direkt auf dem Weingut oder exklusiv im Neubau des eigenen Vinotels, einer Symbiose aus Hotel und Vinothek, in der Ortsmitte, bei dem Wolfgang Schreieck besonderen Wert auf eine geradlinige und moderne Gestaltung gelegt hat. Wer mit dem Reisemobil unterwegs ist, findet einen Stellplatz im Grünen mit dem entsprechenden Service auf dem eigenen Gutsgelände.

Hotel und Vinothek liegen direkt in der Dorfmitte, von wo aus der Ort wunderbar zu Fuß zu erkunden ist. Viele Gäste kommen sogar extra nur für das Frühstücksbuffet im Vinotel vorbei, denn sie sagen, es sei das beste weit und breit. Ob im mediterran gestalteten Innenhof oder im hoteleigenen Saunabereich, hier lässt es sich leben! Wer will, kann sogar nach einer Terminvereinbarung bei einer Wellness-Massage entspannen. Im Familienbetrieb Schreieck, der nun von Wolfgang und Frank Schreieck geführt wird, dreht sich alles um besten Wein und Sekt. Frank Schreieck hegt und pflegt die Weinberge, während sein jüngerer Bruder Wolfgang die Weine im Keller ausbaut. „Wir machen nur Weine, die uns selbst begeistern", erklärt der junge Kellermeister, der von seinem Auslandspraktikum auf Long Island in den USA viele Inspirationen für das eigene Weingut mitgebracht hat, „und wir gehen stets mutig an Neues und sind experimentierfreudig." So findet sich ganz neu im Sortiment der Chenin blanc. Diese alte französische Rebsorte ist besonders fruchtig,

> » Wir machen nur Weine, die uns selbst begeistern, und wir gehen stets mutig an Neues und sind experimentierfreudig. «
>
> **Wolfgang und Frank Schreieck**

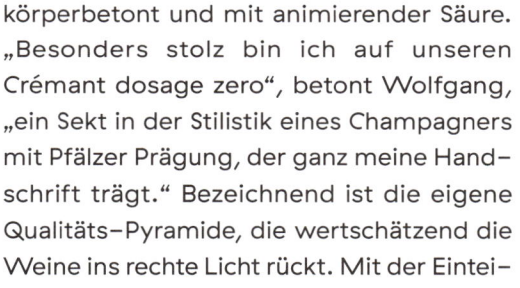

körperbetont und mit animierender Säure. „Besonders stolz bin ich auf unseren Crémant dosage zero", betont Wolfgang, „ein Sekt in der Stilistik eines Champagners mit Pfälzer Prägung, der ganz meine Handschrift trägt." Bezeichnend ist die eigene Qualitäts-Pyramide, die wertschätzend die Weine ins rechte Licht rückt. Mit der Einteilung in TRADITION, FASZINATION und EDITION wird das Sortiment, welches den Fokus auf Burgunder und die klassischen Rebsorten legt, für den Weinfreund klar gegliedert: „Unser Hauptaugenmerk liegt auf der direkten Vermarktung unserer Weine und wir schätzen sehr den persönlichen Kontakt zum Kunden." So freuen sich viele, dass mit der Lieferung auch gleich das Leergut mit abgeholt und wiederverwendet wird. Ganz traditionell wirken die Holzstiegen, die im Weingut Schreieck bei der Lagerung und Auslieferung zum Einsatz kommen. Das ist Teil der Nachhaltigkeit, die sich durch Weinberg und Keller bis hin zur Vermarktung zieht: „Wir sehen uns als Zwischenverwalter für die nächste Generation. Boden, Luft und Landschaft möchten wir möglichst unversehrt an unsere Kinder weitergeben." Und so kann ein Abend in der Vinothek oder im mediterranen Hotelgarten bei einem Glas Wein und frisch aufgeschnittenem Serrano-Schinken sowie ein paar leckeren Knabbereien wunderbar ausklingen.

WEINGUT SCHREIECK
WOLFGANG UND FRANK SCHREIECK
FRIEDHOFSTRASSE 8 · 67487 ST. MARTIN
T 06323 5415
INFO@SCHREIECK-WEIN.DE · WWW.SCHREIECK-WEIN.DE

ST. MARTIN

ST. MARTINER WEINHÄUSEL
RESTAURANT

Seit 2015 führt Franz Giese zusammen mit seiner jungen Crew das St. Martiner Weinhäusel.

Er erzählt von seiner Zeit als Ausbilder auf einem alten Segelschiff, der „Salomon". „Hier haben wir ‚gestrandeten' Jugendlichen eine letzte Chance geboten, um mit einer soliden Ausbildung wieder Fuß zu fassen. Hier reifte die Idee, in Sankt Martin ein Restaurant zu starten, das auf der einen Seite eine in der Pfalz verwurzelte Küche bietet, die aber auf der anderen Seite sich gerne internationalen Einflüssen aussetzt." Auch sein langjähriger Freund, Souschef und Patissier Sascha Krieger, bringt viel internationale Erfahrung mit. Neben der Arbeit auf der Aida und in London war er u. a. im Team von Dieter Müller, Manfred Schwarz und Johann Lafer. Als perfekte Ergänzung zum Team hat sich Thea Stoll entwickelt. Die gelernte Maßschneiderin entdeckte ihr Talent zur Restaurantleitung während ihrer Aushilfstätigkeit im Weinhäusel. Seitdem ist sie als gute Seele des Hauses für das Wohlbefinden des Gastes nicht mehr wegzudenken.

ST. MARTINER WEINHÄUSEL
FRANZ GIESE
HORNBRÜCKE 2 · 67487 ST. MARTIN
T 06323 981387
INFO@WEINHAEUSEL.COM · WWW.WEINHAEUSEL.COM

RHODT UNTER RIETBURG

KAISERS IDEENREICH
GRAFIK- UND WERBEAGENTUR

Der Name der Kreativ-Agentur aus Rhodt unter Rietburg ist Programm. So richtig merkt das aber erst, wer den engagierten Köpfen hinter dem Ideenreich einen Besuch abstattet.

In den Agenturräumen kann man die Kreativität mit Händen greifen — nicht zuletzt, weil Struktur und Minimalismus ihr den Raum zur Entfaltung geben. Aber vielleicht trägt auch die grandiose Aussicht auf die Rietburg und die Rhodter Weinberge zur inspirierenden Atmosphäre bei. Der moderne Neubau ist für Nina Glanz und Stefan Hitschler gleichsam ein Stück Zuhause. Die Kreativen haben sich vor 17 Jahren an einem früheren Arbeitsplatz kennengelernt. Nina Glanz, deren Mädchenname Kaiser der Agentur den Namen gab, machte sich 2007 selbstständig; seit 2009 arbeitet das Duo wieder gemeinsam. Die Kernkompetenzen der Agentur sind Publikationen, Corporate Design und Kommunikation für Unternehmen. Zu den periodischen Projekten zählt eine ganze Reihe von Magazinen und Büchern. Wer einen Blick in das Portfolio wirft, erkennt direkt die Erfahrung im Editorial Design. Professionalität trifft hier auf Ästhetik. Das gilt auch für die zahlreichen Corporate Designs, die Glanz und Hitschler entwickeln. „Unternehmen ein Gesicht zu geben, ist eine der verantwortungsvollsten, aber auch der schönsten und kreativsten Aufgaben in unserem Beruf", sagt Hitschler. Für umfangreiche Projekte steht ein erfahrenes Netzwerk aus Textern, Fotografen, Illustratoren, Online-Marketing-Experten und Webentwicklern hinter der Agentur. Die Ideen und Kommunikationskonzepte tragen aber stets die Handschrift von Kaisers Ideenreich und werden von Glanz und Hitschler persönlich betreut. Die Ergebnisse sind kluge Konzepte, markante Designs und überzeugende Typografie. Letztere ist eine besondere Leidenschaft des Duos: Es wird viel Zeit, Erfahrung und nicht zuletzt auch Geld in Typografie investiert. Nina Glanz ist in der Siebdruckerei ihrer Eltern aufgewachsen und hat als gelernte Schriftsetzerin ein besonders geschultes Auge für's Detail. „Gute Typografie wird als solche eher unbewusst wahrgenommen. Daher wird ihre Wirkung oft unterschätzt", sagt Glanz. Kaisers Ideenreich setzt auf individuelle Betreuung und ein persönliches Kundenverhältnis. „Wenn wir unsere Kunden und ihre Bedürfnisse kennen, können wir mit Blick auf künftige gemeinsame Projekte strategischer vorgehen und uns besser über unsere Ziele und Ideen verständigen", sagt Hitschler. „Mit unseren Kunden arbeiten wir schon viele Jahre zusammen", sagt Nina Glanz. „Good work for good people" ist die Maxime, die sich aus der Erfahrung der beiden herausgebildet hat. Mit ihren Kunden pflegt die Agentur einen respektvollen Umgang mit einer realistischen Erwartungshaltung. Diesen Umgang erwarten Glanz und Hitschler auch umgekehrt. Das Team identifiziert sich nicht ausschließlich mit der eigenen Arbeit, sondern auch mit jener ihrer Kunden. „Wir arbeiten viel und gern mit Unternehmen aus dem kulinarischen Bereich, wie zum Beispiel mit Weingütern, zusammen", sagt der Winzersohn Stefan Hitschler. Ein guter Tropfen der eigenen Kunden ist des–

> » Gute Typografie wird eher unbewusst wahrgenommen. Daher wird ihre Wirkung oft unterschätzt. «
>
> **Nina Glanz**

> **Unternehmen ein Gesicht zu geben, ist eine der verantwortungsvollsten, aber auch der schönsten und kreativsten Aufgaben.** «

Stefan Hitschler

halb immer irgendwo in der Agentur zu finden. Und auch Kochbücher, die für Verlage umgesetzt werden, stehen bei dem Hobbykoch Hitschler privat im Regal. Natürlich wollen abgeschlossene Projekte gebührend gefeiert werden. Das machen Nina Glanz und Stefan Hitschler gerne gemeinsam mit ihren Kunden. Und einer Flasche Pfälzer Wein.

KAISERS IDEENREICH
NINA GLANZ & STEFAN HITSCHLER
TRAMINERWEG 7 · 76835 RHODT UNTER RIETBURG
T 06323 986950
INFO@KAISERS-IDEENREICH.DE · WWW.KAISERS-IDEENREICH.DE

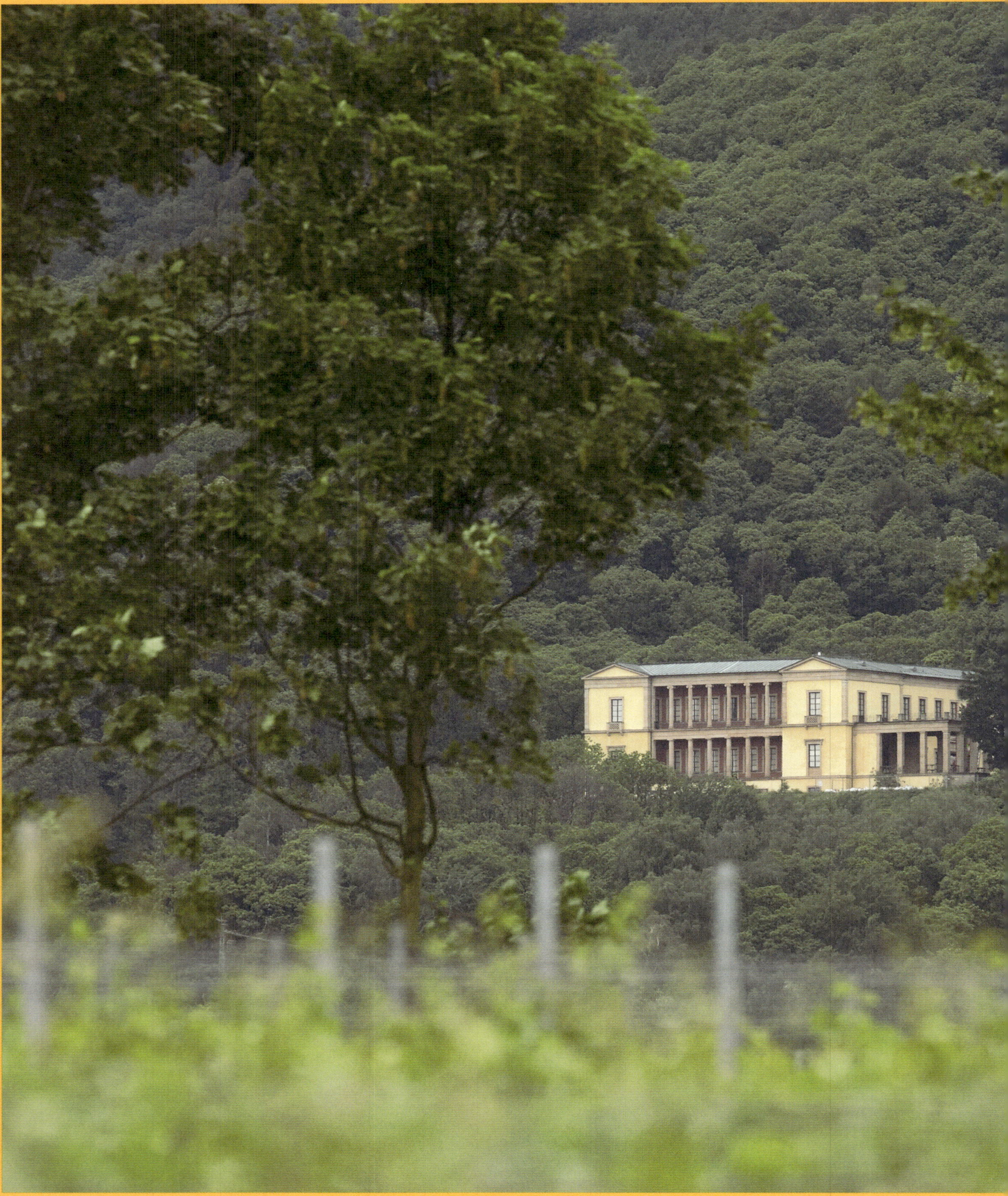

DIE VILLA LUDWIGSHÖHE LIEGT OBERHALB DES WEINORTES RHODT UNTER RIETBURG. SIE WAR FRÜHER SOMMERSITZ DES KÖNIGS LUDWIG I. VON BAYERN.

BURRWEILER

WEINGUT ST. ANNABERG
WEINGUT

„Meine Weine suchen sich ihre Genießer", erklärt Victoria Lergenmüller. Als Herrin des ...

... Annaberges wacht sie über ihre Terrassenlagen oberhalb von Burrweiler. „Hier trage ich ganz alleine die Verantwortung!" Als vom Falstaff Magazin ausgezeichnete Jungwinzerin 2016 hat sie allen Grund, auf ihr Talent und ihre Weine stolz zu sein. „Für den Riesling schlägt mein Herz. Es gibt kaum eine andere Rebsorte, die so facettenreich ist." Mittlerweile hat sie bereits sieben einzigartige Varianten mit jeweils eigenem Charakter geschaffen. Ein besonderer Schatz ist ihre Edition Johanniskreuz. Ein Riesling, im 500-L-Holzfass ausgebaut, das aus Pfälzer Eichen hergestellt wurde. „Mein Johanniskreuz passt sogar zu dunklem Fleisch", sagt sie begeistert. Nach ihrem Bachelor auf der Hochschule in Geisenheim studierte Victoria Lergenmüller Weinmarketing und Management in Bordeaux. „Schon mit 12 habe ich im Weingut mitgeholfen und viel von meinem Vater gelernt. Ich möchte Weine produzieren, die im Gedächtnis bleiben, denn sie haben es nicht verdient, vergessen zu werden! Daran arbeite ich mit ganzer Leidenschaft!"

WEINGUT ST. ANNABERG
VICTORIA LERGENMÜLLER
ST.-ANNA-STRASSE 203 · 76835 BURRWEILER
T 06323 949260
INFO@SANKT-ANNAGUT.COM · WWW.SANKT-ANNABERG.COM

METZGEREI KIEFFER

PRIVATER SCHLACHTHOF UND METZGEREI

Dass die Metzgerei Kieffer in Bad Bergzabern für regionale Spitzenqualität steht, braucht man in der Pfalz keinem zu erklären.

Und wenn man Christina und Sebastian Kieffer kennenlernt, wird dies auch zukünftig so bleiben. Die Leidenschaft der Eltern, zusammen mit den Ideen und dem Schwung einer neuen Generation, bringt das Geschwisterpaar mit in die Leitung des Familienunternehmens. Beide haben das große Glück, Hobby und Beruf vereinen zu können. Selbstgemachte Maultaschen mit Saumagenfüllung und Wildschwein, selbst gejagt, bereichern das Sortiment. Auch Sebastians „Barrique-Schinken", der in Wein-Holzfässern gereift wurde, hat schon seinen Feundeskreis gefunden. Naturverbundenheit, die Liebe zu Tieren und eine starke Familien-Gemeinschaft prägen die beiden. „Oft geht Papa Sonntags durch die Metzgerei und kommt mit einem Leckerbissen zurück. Dann ruft er alle zum Grillen zusammen", erzählt Christina, und man spürt, wie ihr das Herz aufgeht. „Uns ist so wichtig, dass wir alles selber produzieren und dabei Bad Bergzabern zusammen mit unserem Team treu bleiben."

METZGEREI KIEFFER
CHRISTINA UND SEBASTIAN KIEFFER
KAPELLER STRASSE 5 · 76887 BAD BERGZABERN
T 06343 8241
INFO@METZGEREI-KIEFFER.DE · WWW.METZGEREI-KIEFFER.DE

BAD BERGZABERN

ILBESHEIM

HOFGARTEN ROSA
GÄSTEHAUS

Es ist verständlich, dass die Südpfalz mit ihrer malerischen Landschaft ein Highlight für viele Urlauber ist.

Gästehäuser mit besonderem Ambiente sind rar gesät. Ein Geheimtipp unter Kennern ist daher das Gästehaus „Hofgarten Rosa" im Herzen von Ilbesheim. Das ehemalige Wirtshaus und Weingut Eugen Altschuh Erben wurde von Familie Eccarius-Gömann mit viel Liebe zum Detail in ein Gästehaus verwandelt. Aktuell stehen 6 Doppelzimmer zur Auswahl. Jedes der Zimmer wurde individuell ausgestattet und hat seinen ganz eigenen Charme. „Unsere Gäste schätzen die unterschiedliche Gestaltung der einzelnen Zimmer", betont Familie Eccarius-Gömann. In der urig-rustikalen Scheune ist ein Platz zum Feiern und Genießen entstanden. Und das Nebengebäude beherbergt heute das eigene Geschäft „Selles & Jenes". Hier finden die Gäste eine geschmackvolle Auswahl an Wohnaccessoires, Geschenken, kleinen Mitbringseln u. v. m. Wer gerne mit dem Rad die wunderbare Landschaft erkunden möchte, kann sich eines der „Hofgarten Rosa"-E-Bikes ausleihen. Hofgarten Rosa – eine kleine Oase mit einem Rundum-Angebot.

HOFGARTEN ROSA
FAMILIE ECCARIUS-GÖMANN
HAUPTSTRASSE 1 · 76831 ILBESHEIM
T 06341 9953152
INFO@HOFGARTENROSA.DE · WWW.HOFGARTENROSA.DE

CARO'S CAFÉ & STYLE

CAFÉ, DEKO- UND GESCHENKARTIKEL

Bei selbstgebackenem Kuchen kann man sich in Caro's Café & Style eine Auszeit vom Alltag gönnen.

„Das ist ein Gefühl wie früher bei Oma", so der Wunsch von Carolin Hochdörffer, die sich mit ihrem kleinen Café mitten im historischen Ortskern von Venningen einen Traum erfüllt hat. Eine Uhr sucht man vergeblich an der Wand. Hier darf der Kunde ruhig ein wenig die Zeit vergessen und pure Gemütlichkeit einatmen. „Die Schwarzwälder Torte ist etwas Besonderes und gibt es deshalb nur an Sonntagen." Neben Kuchen und Kaffee gibt es einiges zu entdecken. Ausgewählte Deko- und Designartikel von Formano machen das Café zur Fundgrube. Hier stimmt das Preis-Leistungs-Verhältnis, so ist für jeden Geldbeutel etwas dabei. Vom ausgewogenen Frühstücksangebot über Crêpes ist Carolin Hochdörffer bestrebt, ständig ihr Angebot zu verfeinern. Wer will, kann über facebook bestellen und sich von saisonalen Angebotsvarianten überraschen lassen. „Das Feedback meiner Kunden ist für mich mein größter Lohn." Wer hier war, wird schnell verstehen, was sie damit meint.

CARO'S CAFÉ & STYLE
CAROLIN HOCHDÖRFFER
HAUPTSTRASSE 16 · 67482 VENNINGEN
T 06323 8034161
INFO@CAROS-CAFEUNDSTYLE.DE · WWW.CAROS-CAFEUNDSTYLE.COM

VENNINGEN

KLEINFISCHLINGEN

GUT VON BEIDEN
WEINGUT

Außergewöhnlich ist das durch zwei Freunde betriebene Weingut in Kleinfischlingen nicht nur durch das vielseitige Sortiment an ausgezeichneten Weinen. Alleinstellungsmerkmal ist zudem die Geschichte des Weinguts, oder besser gesagt: die nicht vorhandene Geschichte.

Denn Betriebswirt Jochen Laqué und der studierte Weinbauer Philipp Müller erbten wie in so vielen Fällen kein über Generationen bestehendes Weingut mit festem Kundenstamm von ihren Eltern, sondern übernahmen den landwirtschaftlichen Mischbetrieb der Familie Laqué und funktionierten diesen zu einem Weingut um. Schritt für Schritt wuchsen die geerbte Landfläche sowie das Sortiment an bestehenden Traubensorten und noch heute arbeiten die Freunde stetig an der Erweiterung ihres Guts. Inzwischen zählen rund 19,5 Hektar Weinberge zur Fläche des Betriebs. Ein Großteil davon befindet sich in Kleinfischlingen. Eine Besonderheit des Standortes sind die schweren Böden, die Wasser gut aufnehmen und speichern. Weinberge mit einem hohen Anteil an Kalkgestein gehören ebenfalls mit vier Hektar zum Weingut. Ganz gleich von welchem Berg die Trauben gelesen wurden, verwenden die Freunde jedoch nur vollreifes und gesundes Lesegut und bauen dieses schonend im Keller aus. Dabei wird der Wein so wenig wie möglich gepumpt, um die Zufuhr von Sauerstoff gering zu halten. Resultat sind fruchtige, spritzige Weine und Cuvée, die sich keinem

Trend beugen, sondern die ganz eigene Note der Freunde tragen. Dies überzeugte auch die Jury beim Wettbewerb „Die junge Südpfalz 2016", denn hier wurde Weinmacher Philipp Müller mit dem dritten Platz geehrt und der hauseigene Chardonnay wurde mit der höchsten Punktzahl aller Wettbewerbsweine bewertet. Ein großer Erfolg des jungen Weinguts ist zudem die Empfehlung im Weinguide Gault-Millau, bei dem fast all ihre Weine mitbewertet wurden.

GUT VON BEIDEN
JOCHEN LAQUÉ UND PHILIPP MÜLLER
HAUPTSTRASSE 25 · 67483 KLEINFISCHLINGEN
T 06347 700896
WEIN@GUTVONBEIDEN.COM · WWW.GUTVONBEIDEN.COM

TEAM KERNGESUND

FITNESS UND GESUNDHEIT

„Gesundheit ist kein Zufall, sondern ein Ergebnis!"

Ernährung, Bewegung und Entspannung, das sind die Schlüssel zu einem gesunden Leben. Davon sind Ute Kern und ihre Tochter Beate überzeugt. Um ihren Kunden ein ganzheitliches Konzept anbieten zu können, arbeiten Mutter und Tochter als Ernährungsberaterin sowie als Sporttherapeutin und Personaltrainerin im Team. „Viele Menschen wollen gesünder leben, wissen aber oft nicht, wie", sagt Beate Kern. Zu sportlichem Erfolg gehört eine ausgewogene Ernährungsweise. Das Angebot reicht deshalb von der eigens entwickelten Stoffwechselkur und individuellen Ernährungsplänen über Outdoor-Kurse bis hin zu zertifizierten Präventionskursen. Das engagierte Team ist sich sicher: Für einen gesünderen Lebensstil ist es nie zu spät. Geschlecht, Alter und Ausgangsfitness spielen da nur eine untergeordnete Rolle. „Wir beginnen mit den Menschen dort, wo sie sich gerade befinden", sagt Beate Kern. „Wir wollen niemanden von jetzt auf gleich umkrempeln, sondern Schritt für Schritt an die kerngesunde Lebensweise heranführen." Motivation, Training und Hintergrundwissen — rundum fit mit dem Team Kerngesund!

TEAM KERNGESUND
UTE UND BEATE KERN
ESSINGER STRASSE 49 · 76877 OFFENBACH
T 0176 20314956 · TEAMKERNGESUND@WEB.DE
WWW.KERN-ERNAEHRUNGSBERATUNG.DE · WWW.KERNGESUND-SPORT.DE

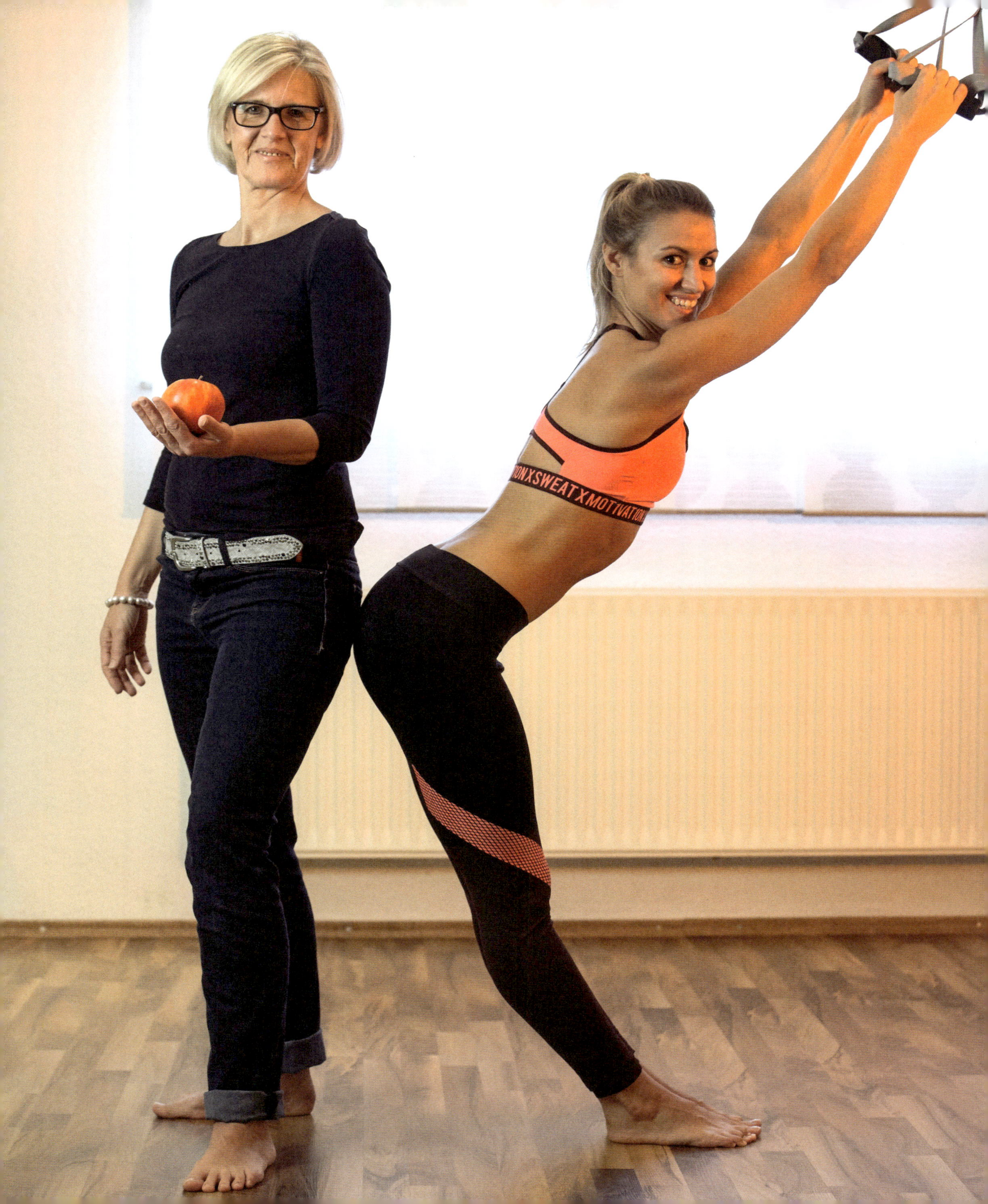
TIONXSWEATXMOTIVATION

WEINBERGE SÜDLICH VON LANDAU: NICHT UMSONST
IST DIE PFALZ MIT IHREN MALERISCHEN LANDSCHAFTEN
INSPIRATIONSQUELLE VIELER JUNGER PFÄLZER

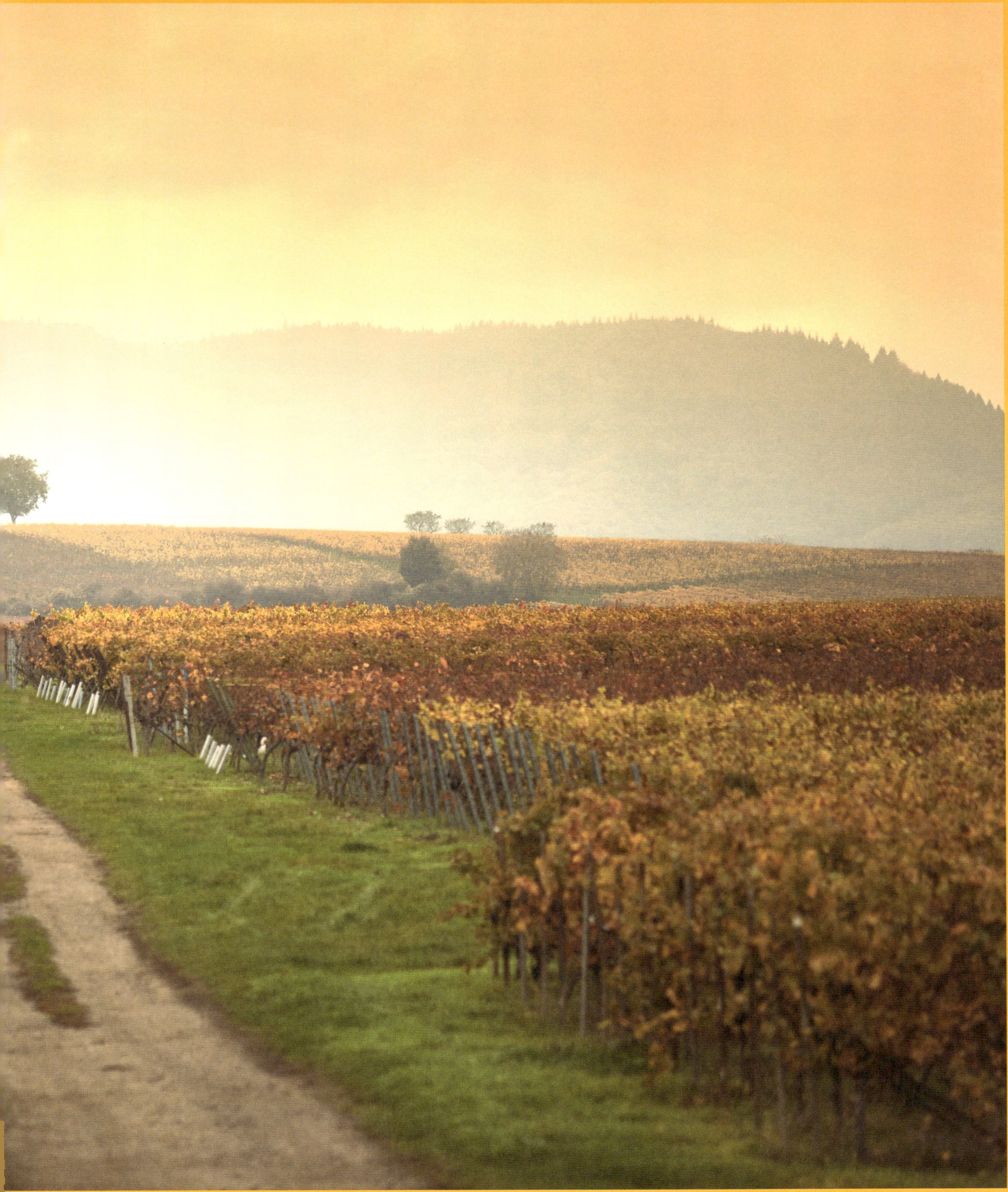

RATHAUS VON ILBESHEIM
IN DER SÜDPFALZ

KULTURCANTINA
GASTRONOMIE UND BUCHHANDEL

So vielseitig wie die Jungunternehmerin Claudia Ballester selbst, so ist auch ihr Bistro. Die Feinschmeckerin und passionierte Buchhändlerin ...

... hat in der Landauer Innenstadt sich und allen Lesefreunden einen langjährigen Traum erfüllt. Egal ob man nur gemütlich einen Kaffee trinken möchte, ein gutes Buch sucht oder von regionalen Künstlern erstellte Kunsthandwerke nach einem einzigartigen Geschenk durchstöbern möchte: Für alles wird man in der gemütlichen Atmosphäre des Bistros fündig. Der täglich wechselnde Mittagstisch, der unter anderem vegetarische und glutenfreie Gerichte bietet, lockt vor allem viele Stammgäste an, die die abwechslungsreichen Kreationen von Claudia Ballester zu schätzen wissen. Sie kocht nämlich vorwiegend selbst. Durch die offene Küche kann sie mit ihren Gästen dennoch ein kleines Schwätzchen halten und dabei die eine oder andere Buchempfehlung abgeben. Ins Regal kommt nämlich nur, was die Inhaberin persönlich wärmstens empfehlen kann.

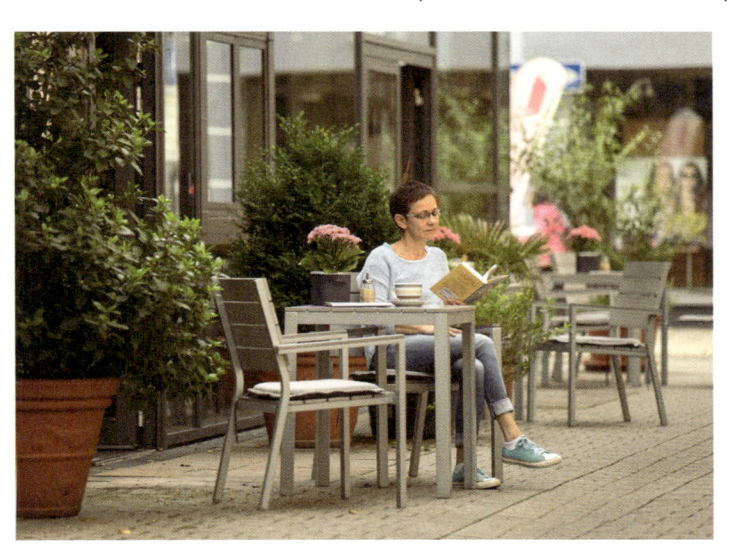

KULTURCANTINA
CLAUDIA BALLESTER
OSTBAHNSTRASSE 3B · 76829 LANDAU
T 06341 9874596
INFO@KULTURCANTINA.DE · WWW.KULTURCANTINA.DE

SÖRKEL – CAFÉ WEIN UND CO
RESTAURANT

Im Landauer Café Sörkel erwartet die Gäste nicht nur die übliche Auswahl an Speisen und Getränken. Wer sich im modern eingerichteten Café oder unter einem Sonnenschirm im Außenbereich eine Pause vom Alltag gönnt, bekommt viel mehr, als er bestellt. Denn was nicht in der Karte steht, ist ...

... die Herzlichkeit, Hilfsbereitschaft und Leidenschaft des jungen Teams. „Im Sörkel können wir täglich das tun, was wir lieben", so die Besitzerin Sabine Radetzky-Gretoire. Und genau das spüren die Gäste im Café. Selbst bei vollem Haus wird mit einem von Herzen kommenden Kompliment oder etwas Gesang gute Laune verbreitet. Sabine Radetzky-Gretoire kommt häufig mit Cafégästen ins Gespräch und kennt ihre Stammkunden mit Namen. Besonders am Herzen liegt ihr vor allem ihr Team. „Ohne sie ginge das alles nicht", erzählt die Inhaberin. Auch außerhalb der Geschäftszeiten hat sie für ihre Mitarbeiter immer ein offenes Ohr. Ebenso treffen sich die Kollegen privat und tragen mit viel Engagement zum Erfolg des Cafés bei. So werden stetig neue Getränke, Speisen oder Veranstaltungsideen, wie Musik-Abende oder die Teilnahme am Landauer Firmenlauf, entwickelt. Bei Gästen besonders beliebt ist das tägliche Frühstück im Café Sörkel, bei dem regionale Wurst von Anja & Dianas Esslust, Käse, frisches Obst und Gemüse auf einer schön angerichteten Etagere serviert werden. Den nicht wegzudenkenden Kaffee bezieht das Sörkel von der KFE Rösterei in Landau. Mittags und abends können Gäste unter anderem die Tagessuppe genießen oder aus der Karte zwischen Panini, Sörkel Burger, Gemüsekracher, Focaccia und weiteren Köstlichkeiten wählen. Die gemütliche Atmosphäre lädt dazu ein, den Abend bei einem Glas Wein aus der Region entspannt ausklingen zu lassen oder gar mit einem Moscow Mule in die Nacht zu starten!

SÖRKEL – CAFÉ WEIN UND CO
SABINE RADETZKY-GRETOIRE
OSTBAHNSTRASSE 25 · 76829 LANDAU
T 06341 9947116
INFO@SOERKEL-LANDAU.DE · WWW.SOERKEL-LANDAU.DE

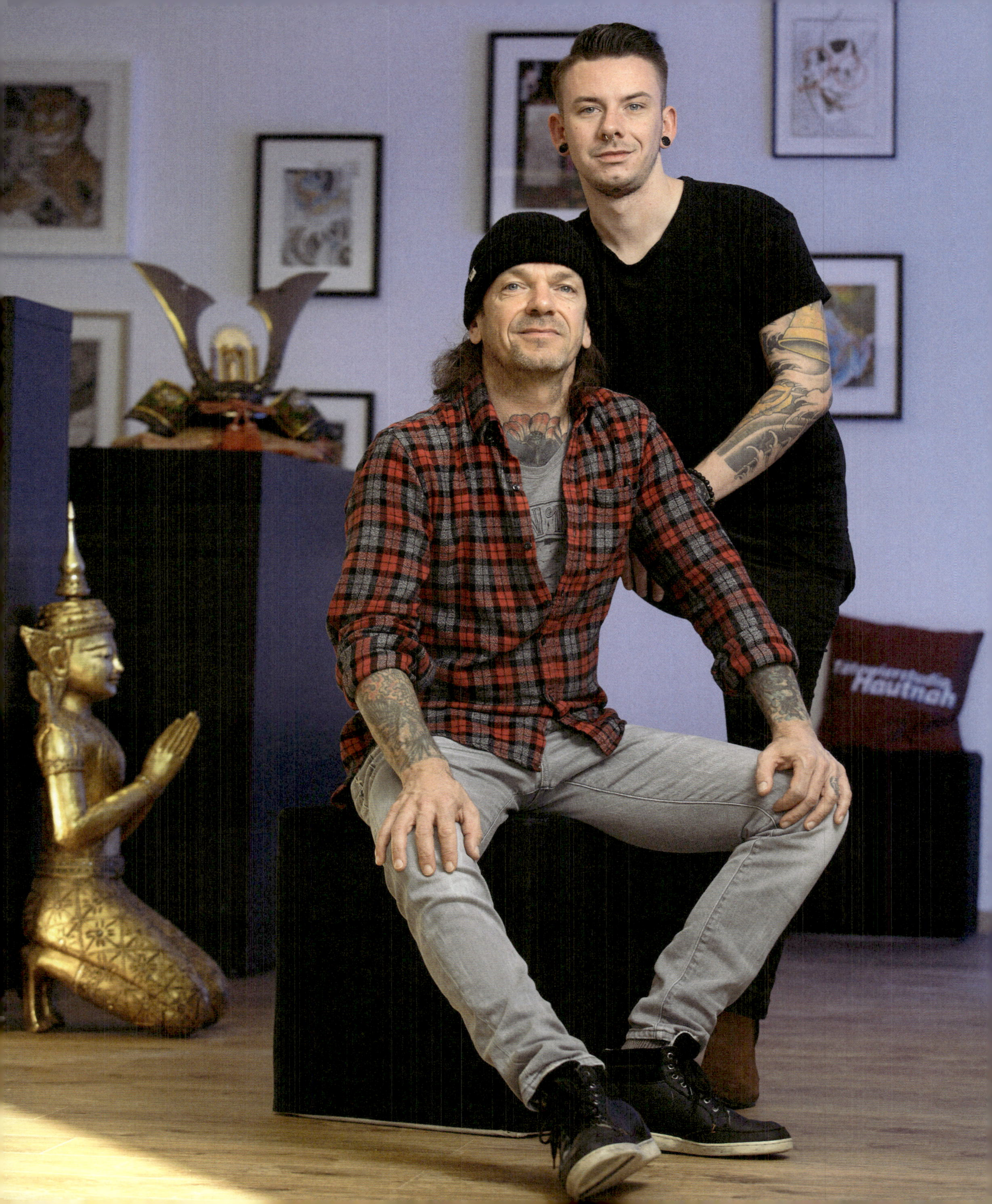
Hautnah

HAUTNAH
TÄTOWIERSTUDIO

Weit über die Grenzen Landaus hinaus ist das Tätowierstudio Hautnah für beeindruckende Körperkunst und dessen Schöpfer bekannt.

Internationalen Bekanntheitsgrad in der Tattoo-Szene hat dabei Inhaber Bernd Broghammer, dessen Stil insbesondere durch japanische und orientalische Kunst mit Einflüssen von Buddhismus und Hinduismus geprägt ist. Zeichen seines Erfolgs sind nicht zuletzt regelmäßige Einladungen der wichtigsten Tattoo-Conventions weltweit. Auch Sohn Nico, der seit 2012 das Hautnah-Team unterstützt, sammelt auf Messen und als Gasttätowierer Erfahrung auf globaler Ebene. Dass er aber nicht in dieselben Fußstapfen tritt wie sein Vater, macht sich durch seine Vorliebe für Mandalas, geometrische und neotraditionelle Motive bemerkt. Jungtätowiererin Alexandra vervollständigt das Hautnah-Team mit filigranen Aquarellmotiven bis hin zu polynesischen Tätowierungen, doch auch internationale Gasttätowierer mit den unterschiedlichsten Stilrichtungen sind häufig im Studio vorzufinden. Ausschlaggebend für deren Auswahl sind neben viel künstlerischer Fähigkeit und handwerklichem Geschick ein hohes Verantwortungsgefühl und Respekt gegenüber der Tätigkeit.

HAUTNAH
BERND BROGHAMMER
KARL-ZIEGLER-STRASSE 4 · 76829 LANDAU
T 06341 80748
INFO@TATTOO-HAUTNAH.DE · WWW.TATTOO-HAUTNAH.DE

UNVERPACKT LANDAU
LEBENSMITTEL-GESCHÄFT

Nachhaltigkeit und Umweltschutz stehen im Unternehmenskonzept der Landauerin Heike Mack an erster Stelle. Mit der Eröffnung ihres verpackungsfreien Ladens erfüllte sie sich den Traum, sich aktiv gegen den Plastikwahn und Verpackungsüberfluss einzusetzen.

Wer in ihrem Geschäft einkauft, verzichtet für die Umwelt auf die Bequemlichkeit bereits verpackter Ware und nimmt eigene Behälter mit oder kauft diese zum Befüllen vor Ort. Eine reichhaltige Auswahl an Getreide, Müsli, Kaffee, Essig, Ölen, Nudeln, Trockenfrüchten, Nüssen und vielen weiteren Produkten in Bioqualität schmückt den Laden, der zur einfachen Selbstbedienung einlädt. Das erfordert Umdenken und Umgewöhnung des eigenen Kaufverhaltens, doch die meisten Kunden würden schon nach dem ersten Besuch zu Wiederholungstätern, sagt Heike Mack. Denn ganz egal, ob Veganer, Flexitarier oder Vegetarier, hier findet jeder sein Lieblingsprodukt und tut damit auch der Umwelt etwas Gutes. Auf der 50 qm großen Ladenfläche gibt es zudem nicht nur Lebensmittel. In einer Auswahl von über 350 verpackungsfreien Produkten sind unter anderem auch Brotboxen, Wasch- und Reinigungskonzentrate, Geschenk- und Haushaltsartikel vertreten. Wer beim Einkauf so viel Gutes für die Umwelt tut, kann sich dann auch als Belohnung verpackungsfreie Schokolade gönnen, die man ebenfalls im Landauer Geschäft finden kann. Wenn sie nicht gerade hinter der Ladentheke steht, kocht Heike Mack leidenschaftlich gerne und ist dabei sehr experimentell. Dabei kommen natürlich verpackungsfreie Lebensmittel zum Zuge. Wenn sie die Zeit dafür findet, liest sie auch gerne und hat sogar das Schreiben für sich entdeckt. Eines Tages möchte Heike Mack ihr eigenes Kinderbuch veröffentlichen, doch vorerst bewahrt sie die Welt vor zu viel Plastikmüll.

UNVERPACKT LANDAU
HEIKE MACK
KRONSTRASSE 34 · 76829 LANDAU
T 06341 9029515
INFO@UNVERPACKT-LANDAU.DE · WWW.UNVERPACKT-LANDAU.DE

BEAUTÉ CONCEPT

KOSMETIK UND WELLNESS

Nur die besten Produkte kommen auf die Haut der Kundinnen und Kunden bei beauté concept.

Dafür bezieht Inhaberin Anna Höfert Kosmetikartikel aus aller Welt und bleibt dabei stetig auf dem neuesten Stand der Beauty-Welt. Doch das innovative Konzept basiert nicht nur auf der Qualität der angewandten Produkte. Alle 28 Tage regeneriert sich die Haut neu, weswegen es zusätzlich zur Einzelbehandlung auch die Option auf ein Abonnement mit sechs oder zwölf Behandlungseinheiten gibt. Dessen Leistungen können nach Kundenwunsch individuell zusammengestellt werden. Mit einem Grundpaket, wie zum Beispiel der „Basic Behandlung", die unter anderem eine Reinigung der Haut und eine vitalisierende Maske beinhaltet, können beliebige Ergänzungspakete je nach Vorliebe hinzugebucht werden. So können sich Gäste zum Abopreis regelmäßig vom jungen und freundlichen Team mit Paketen wie „Schöne Augen", „Schöne Hände" und „Schöne Füße" verwöhnen lassen.

BEAUTÉ CONCEPT
ANNA HÖFERT
CORNICHONSTRASSE 16 · 76829 LANDAU
T 06431 2665495
INFO@BEAUTE-CONCEPT.DE · WWW.BEAUTE-CONCEPT.DE

DIE UNI LANDAU ZIEHT VIELE JUNGE
STUDIERENDE IN DIE SÜDPFALZ

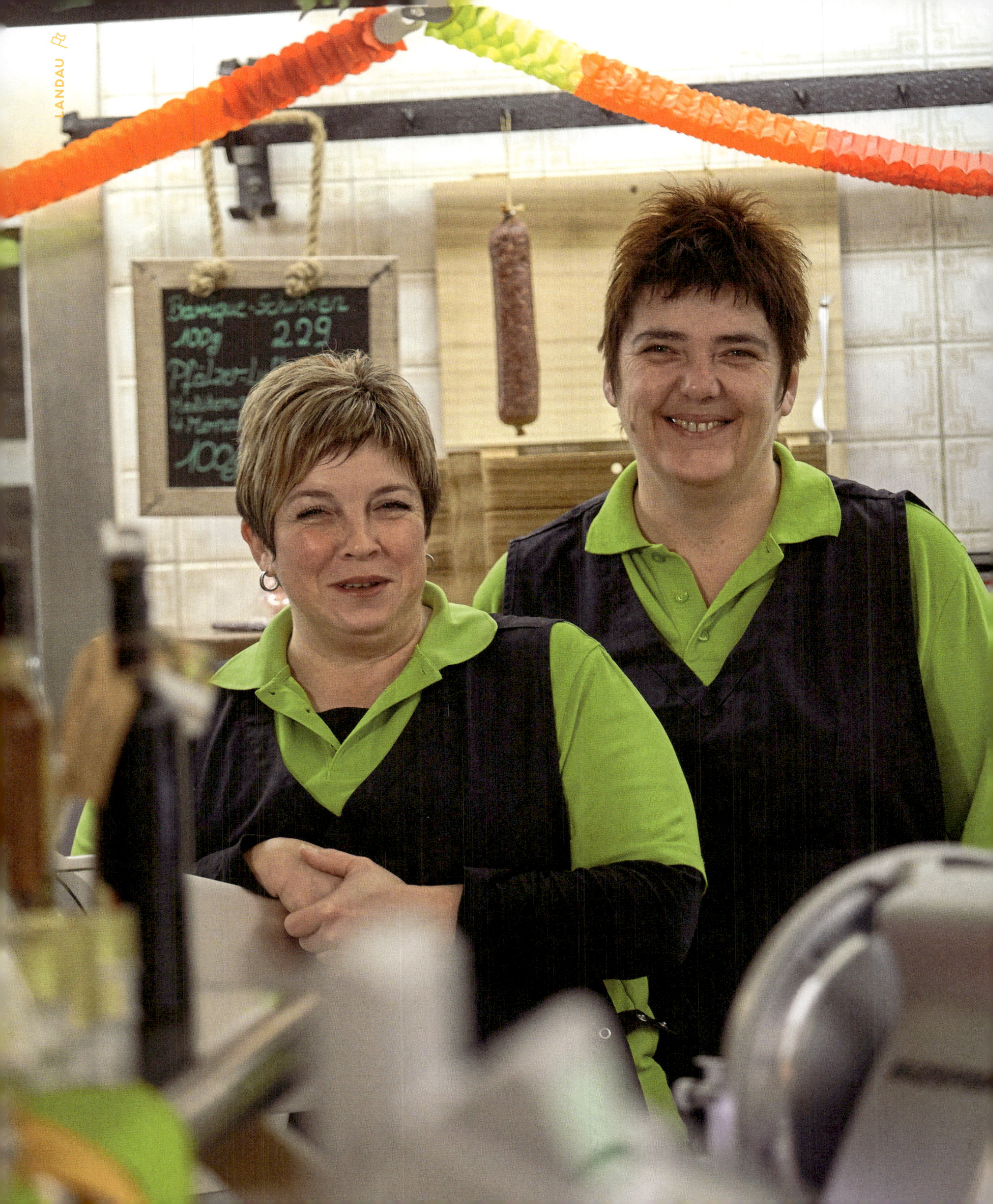
100g 229

ESSLUST
FLEISCH- & WURSTWAREN

„Jetzt brauchen wir endlich nicht mehr nach Bad Bergzabern fahren!", ruft ein Kunde froh in die Runde.

Bei Anjas und Dianas Esslust in Landau gibt es jetzt bestes Fleisch aus der Schlachterei Kieffer aus Bad Bergzabern. Das wissen die Kunden sehr zu schätzen und freuen sich über das Angebot im Herzen Landaus. Anja Klett und Diana Soria haben nach vielen Jahren Erfahrung den Entschluss gefasst, die Sache selbst in die Hand zu nehmen. „Mit Kieffer als Premium-Fleisch-Lieferanten bekommen unsere Kunden 100 Prozent Pfälzer Qualität." Die Kunden wissen: Die Tiere stammen alle aus der Region. Ganz frisch gibt es Pfannen, Salate und besten Partyservice. „Der Renner sind unsere selbstgemachten Frikadellen. Richtig warm im knusprigen Brötchen sind sie ein Gaumenschmaus", schwärmen die beiden. „Wir gehen auf Kundenwünsche ein, denn Beratung wird bei uns großgeschrieben." Und wer will, erfährt auf Facebook, was die beiden sich als aktuelles Tagesessen ausgedacht haben.

ESSLUST
ANJA KLETT UND DIANA SORIA
KÖNIGSTRASSE 11 · 76829 LANDAU
T 06341 2681026
INFO@ESSLUST-LANDAU.DE · WWW.ESSLUST-LANDAU.DE

MIT HERZ UND LEIDENSCHAFT

WOLLE & KREATIVES

In der Innenstadt von Landau findet man ein kleines Ladengeschäft von Monika Förster. Auf den ersten Blick …

… entdeckt man hochwertige Wolle und Garne von Lana Grossa und einen bunten Mix allerlei künstlerischer Arbeiten. Doch schnell wird deutlich: Hier ist viel Herz für die Menschen und Leidenschaft für schöne Dinge mit im Spiel. „Ich liebe es, Menschen bei ihrer kreativen Entwicklung zu unterstützen und ihnen eine Bühne zu geben", erklärt Monika Förster begeistert. Ein großer Teil der Ladenfläche steht für die Werke von Hobbykünstlern zur Verfügung, die so auf Zeit eine eigene Ladenfläche mieten. Mit zum „Team" gehören Linda und Willis, die beiden Hunde von Frau Förster. „Linda kennt bereits einige Kunden, sitzt oft vor dem Laden in der Sonne und wartet auf Anerkennung." Zur perfekten Wolle vom Premium-Hersteller Lana Grossa gibt es auch die kompetente Beratung. „Diese Garne wurden speziell für die Anforderungen von Designern entwickelt. Ideal für Kreative, die etwas Besonderes schaffen wollen — und das mit Herz und Leidenschaft.

MIT HERZ UND LEIDENSCHAFT
MONIKA FÖRSTER
STADTSCHREIBERGASSE 3 · 76829 LANDAU
T 06341 2699430
INFO@MITHERZUNDLEIDENSCHAFT.DE · WWW.MITHERZUNDLEIDENSCHAFT.DE

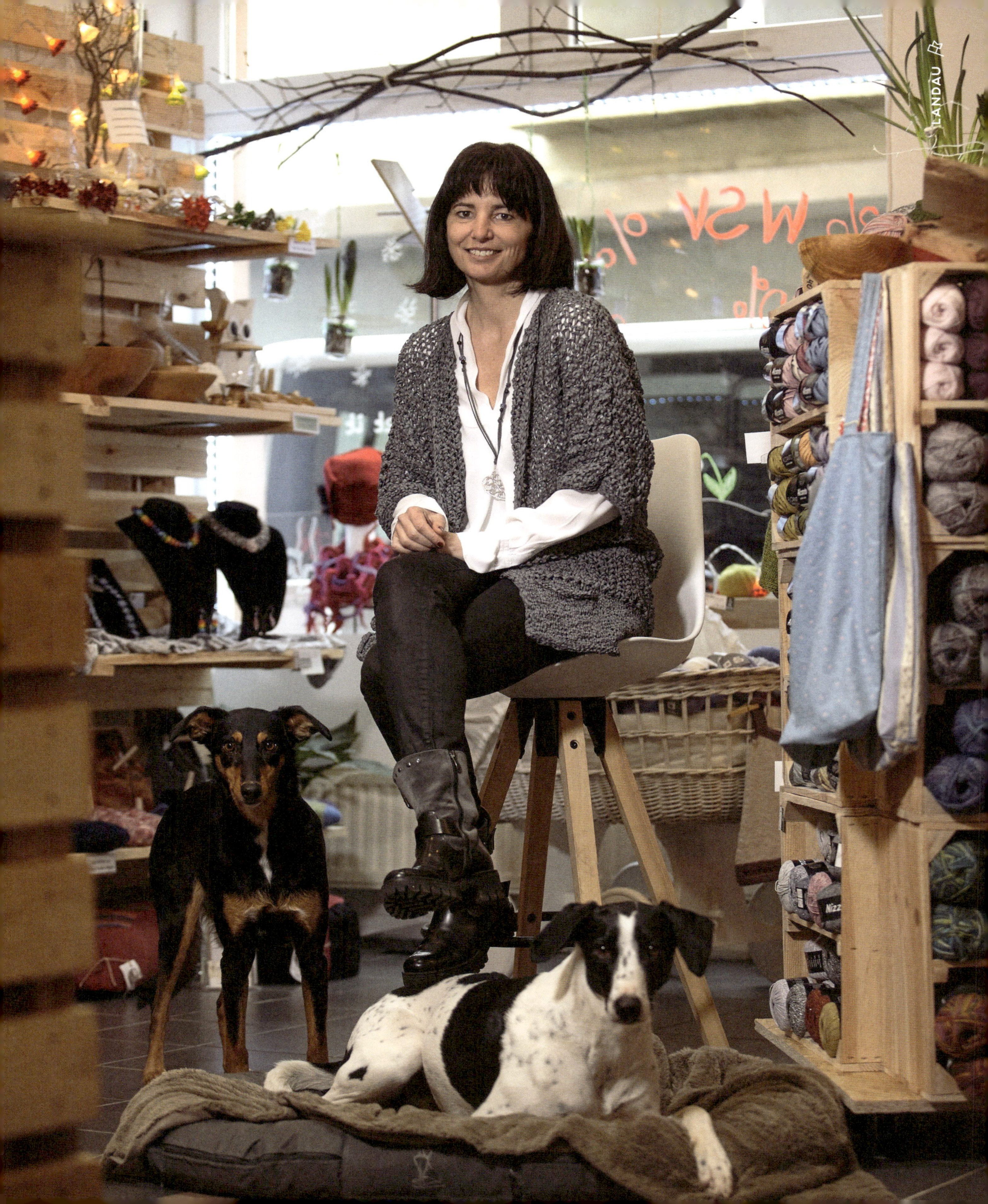

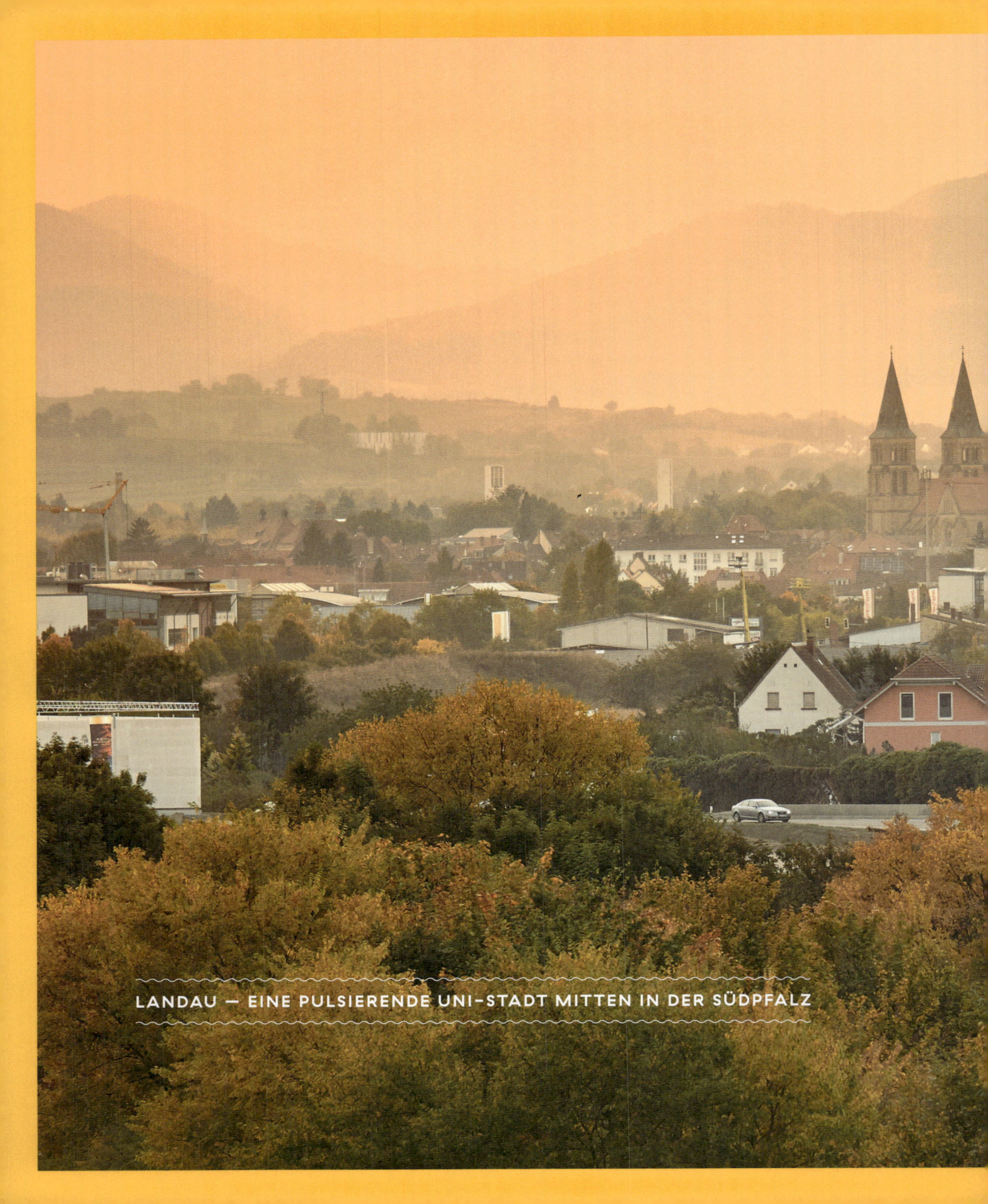

LANDAU — EINE PULSIERENDE UNI-STADT MITTEN IN DER SÜDPFALZ

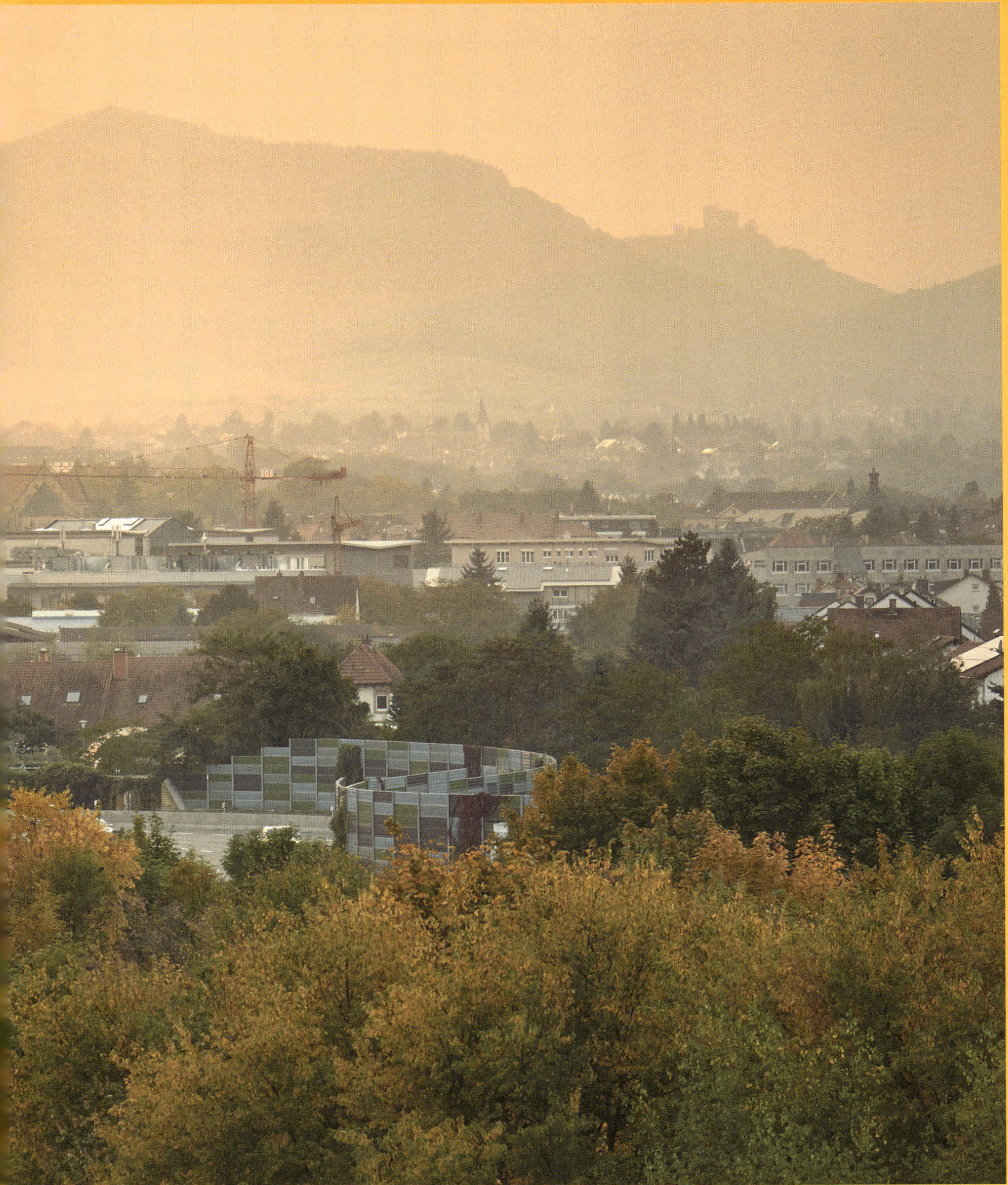

JUNGE KUNST

SUCHT VIELE DIMENSIONEN

» Grundsätzlich ist jeder Künstler sehr individuell und eigenständig. Wir folgen nicht automatisch jedem Trend oder passen uns an. «

Bernadette Boebel-Mattern

Jeder Künstler ist individuell und sucht nach seinen ganz eigenen Wegen der Darstellung.

Bernadette Boebel-Mattern arbeitet als Künstlerin in Neustadt/Weinstraße und lässt uns einen Blick auf die Denk- und Arbeitsweise einer jungen Künstlergeneration werfen. In Wörth aufgewachsen, studierte sie in Karlsruhe an der Hochschule für Gestaltung, am Karlsruher Institut für Technologie und am University College of Art and Design in Stockholm. Aktuell ist sie verantwortlich für Projektmanagement und Kommunikationsdesign in einer Design-Agentur. Gleichzeitig arbeitet sie an eigenen freien Projekten, für die sie bereits einige Auszeichnungen erhalten hat. „Grundsätzlich ist jeder Künstler sehr individuell und eigenständig. Wir folgen nicht automatisch jedem Trend oder passen uns an", berichtet die Künstlerin. „Das haben wir alle gemeinsam, und doch hat jeder Künstler seine Prägung und sucht sich seine eigenen Kommunikationswege."

Kunstvereine im Wandel

Heutige Kunstvereine sind stark auf der Suche nach Nachwuchs. Obwohl Kunstvereine wie das Zehnthaus Jockgrim noch attraktive Stipendien und Nachwuchskunstpreise ausschreiben, ist der Trend, hier einzutreten, bei jungen Künstlern eher rückläufig. „Heute macht man mehr sein eigenes Ding. Wir denken globaler und orientieren uns mehr an den großen Themen, die viele Menschen betreffen", erklärt Bernadette Boebel-Mattern, die sich in einer ihrer letzten prämierten Arbeiten mit Megatrends auseinandergesetzt hat.

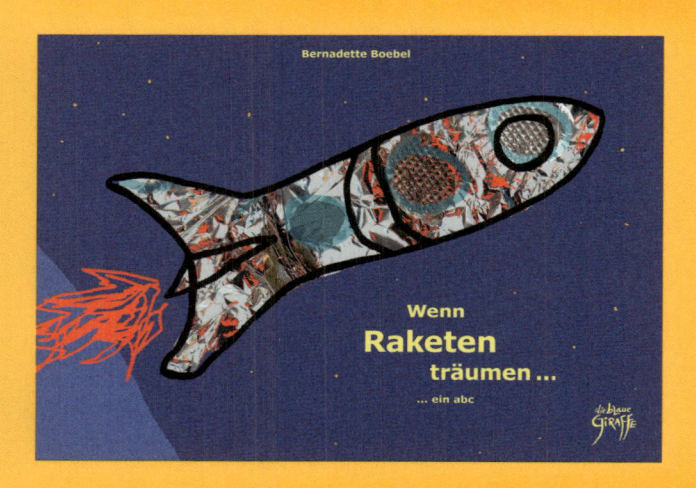

Junge Künstler nutzen die Vielfalt der heutigen Darstellungskanäle

„Heute bin ich nicht mehr eindimensional, so dass ich an Farbe und Papier gebunden wäre. Mein Atelier sind der Fußboden und der Küchentisch." Viel kreatives Werken geschieht heute auf dem Rechner. Und doch nutzt Bernadette Boebel-Mattern gerne noch die analogen Techniken aus Fotografie und Illustration. „Es ist bereichernd, aus der Fülle der Techniken und Möglichkeiten zu schöpfen, die uns heute zur Verfügung stehen." Für ihr komplexes und hoch aufwendiges Buchprojekt hatte sie mit verschiedenen Papiersorten und eingearbeiteten Postkarten gearbeitet. Dafür wurde sie mit dem „Josef-Binder-Award" ausgezeichnet.

» Heute macht man mehr sein eigenes Ding. Wir denken globaler und orientieren uns mehr an den großen Themen, die viele Menschen betreffen. «

**Kunst ist kein Produkt des Zufalls,
sondern Ergebnis langer Reifeprozesse**

Bernadette Boebel–Mattern erläutert, was für sie künstlerisches Gestalten bedeutet: „Ich möchte mit meinen Arbeiten gezielt Denkanstöße provozieren und dabei die Perspektive wechseln, um andere Sichtweisen einnehmen zu können. Dabei versuche ich den Betrachter mit einzubeziehen. Er soll einen einfachen Zugang auch zu komplexen Themen finden. Schließlich hinterfrage ich Sehgewohnheiten, Wahrnehmungen und die Wege der Kommunikation. Final geht es darum, die Seele eines Projektes herauszuarbeiten. Dazu nutze ich jede Art der heutigen Mittel wie Typografie, Illustration, Fotografie und Animation.

„What the Hell are Converging Technologies?"

In ihrem Buchprojekt „What the Hell are Converging Technologies?" zeigt Bernadette Boebel–Mattern sehr anschaulich, wie umfangreich und breit gefächert sich junge Kunst heute darstellen kann. Hier werden Themen aus der genetischen Diagnostik, Synthetischen Biologie und Nanotechnologie mit fünf Objekten, fünf kontroversen Fragestellungen und fünf Interviews künstlerisch umgesetzt. Sehr umfangreiche Recherchen, durchdachte Zukunftsszenarien und Interviews mit Wissenschaftlern sollen den Betrachter mit diesen modernen umstrittenen Techniken konfrontieren, aufklären und zum Diskurs anregen. Hier tritt Kunst weit aus dem Schatten der schönen Darstellungskünste heraus und übernimmt aufklärende Verantwortung, die den Menschen nicht nur mit technologischen Prozessen, sondern auch mit ethischen Fragen konfrontiert!

JUNGE PFALZ

123

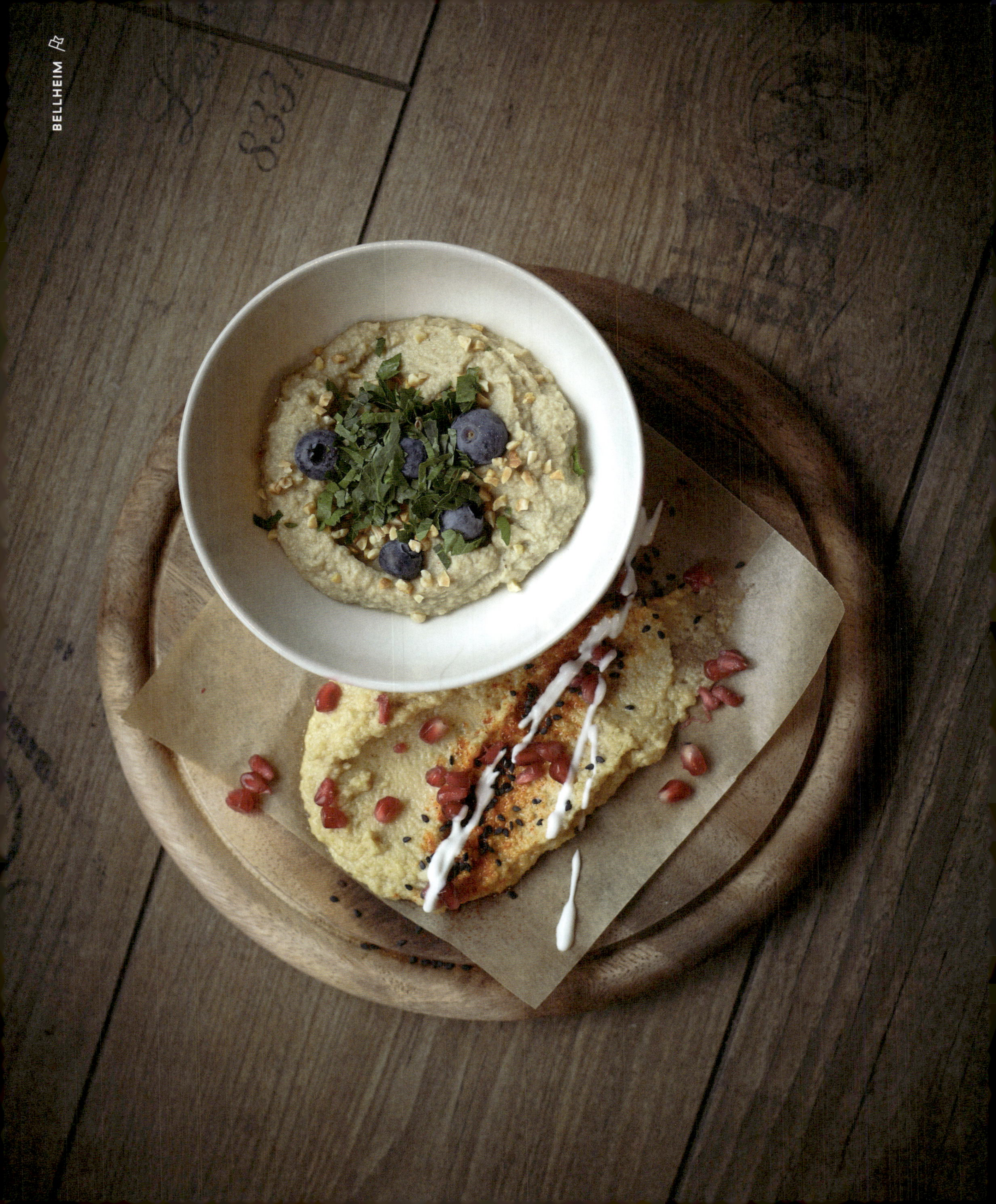

WEINROT
KAFFEE & WEINZIMMER

In einer ehemaligen Apotheke in Bellheim findet man das Kaffee & Weinzimmer weinROT.

„Die Liebe zum kulinarischen Genuss, die Faszination am Wein und der Traum, gute Gastgeber zu sein, haben schließlich dazu geführt, dass wir 2014 unser sogenanntes Zimmer eröffneten." Nicht umsonst findet sich dieses Wort im Namen wieder. Klein, aber fein — ein Ort zum Abschalten und Wohlfühlen. Obwohl in der Speisekarte einiges an Dynamik steckt, erlebt der Gast hier seine Entschleunigung vom Alltag. „Unser Steckenpferd ist unser Slowfood. Hier stehen klar regionale Produkte im Vordergrund, die wir durch verschiedenste Reisen und kulinarische Erlebnisse gerne neu in Szene setzen." Mit besonderen Veranstaltungen, wie etwa Wine Tasting Unplugged, werden zusammen mit den Gästen unvergessliche Momente geschaffen. „Außerdem begleiten wir das eine oder andere Event mit unserem guten Essen." Wer im weinROT Platz nimmt, wird schnell die Zeit vergessen und sein Handy beiseitelegen. Eine Uhr sucht man hier vergebens.

WEINROT KAFFEE & WEINZIMMER
TOBIAS HÖHL & KIM LEA GUNDERMANN
HAUPTSTRASSE 113A · 76756 BELLHEIM
T 07272 9588270
BEERENAUSLESE@WEINROT.ORG · WWW.FACEBOOK.COM/WEINROT

KG NATUR PUR
HOLZMÖBEL

Wer die „Seele" des Holzes spüren will, findet bei KG-natur-pur Möbelstücke mit jeweils eigener Geschichte. Begeistert zeigt …

… Klaus Götz seine Unikate aus ehemaligen Bootsstegen, Weinkeltern oder uraltem Fachwerk. Seine Liebe zu urigem Holz hatte er über die Malerei entdeckt. Einzelne großformatige Werke findet man noch im ehemaligen Anwesen von Wolfgang Blanke, das er vor kurzem für sich und seine Ausstellung erwerben konnte. „Man muss im Holz die Zeichen der Zeit sehen können", erklärt er mit einem Leuchten in den Augen. Überzeugt fährt er fort: „Unsere Schreiner fertigen nach Maß, so wie es der Kunde im individuellen Beratungsgespräch wünscht. Und das bekommt er auch!" 2009 startete er mit einzelnen Holztischen, anschließend wurde die Angebotspalette an Holzmöbeln immer breiter. Heute findet man in der großflächigen Ausstellung ein Komplettpaket mit passenden Stühlen bis hin zu Lampen und Teppichen. „Und natürlich legen wir Wert auf Nachhaltigkeit und eine gute Ökobilanz." Wenn das nicht starke Möbel sind!

KG NATUR PUR
KLAUS GÖTZ
HAUPTSTRASSE 18 · 76773 KUHARDT
T 0157 71940619
KG.NATUR.PUR@GMAIL.COM · WWW.KG-NATUR-PUR.DE

KUHARDT

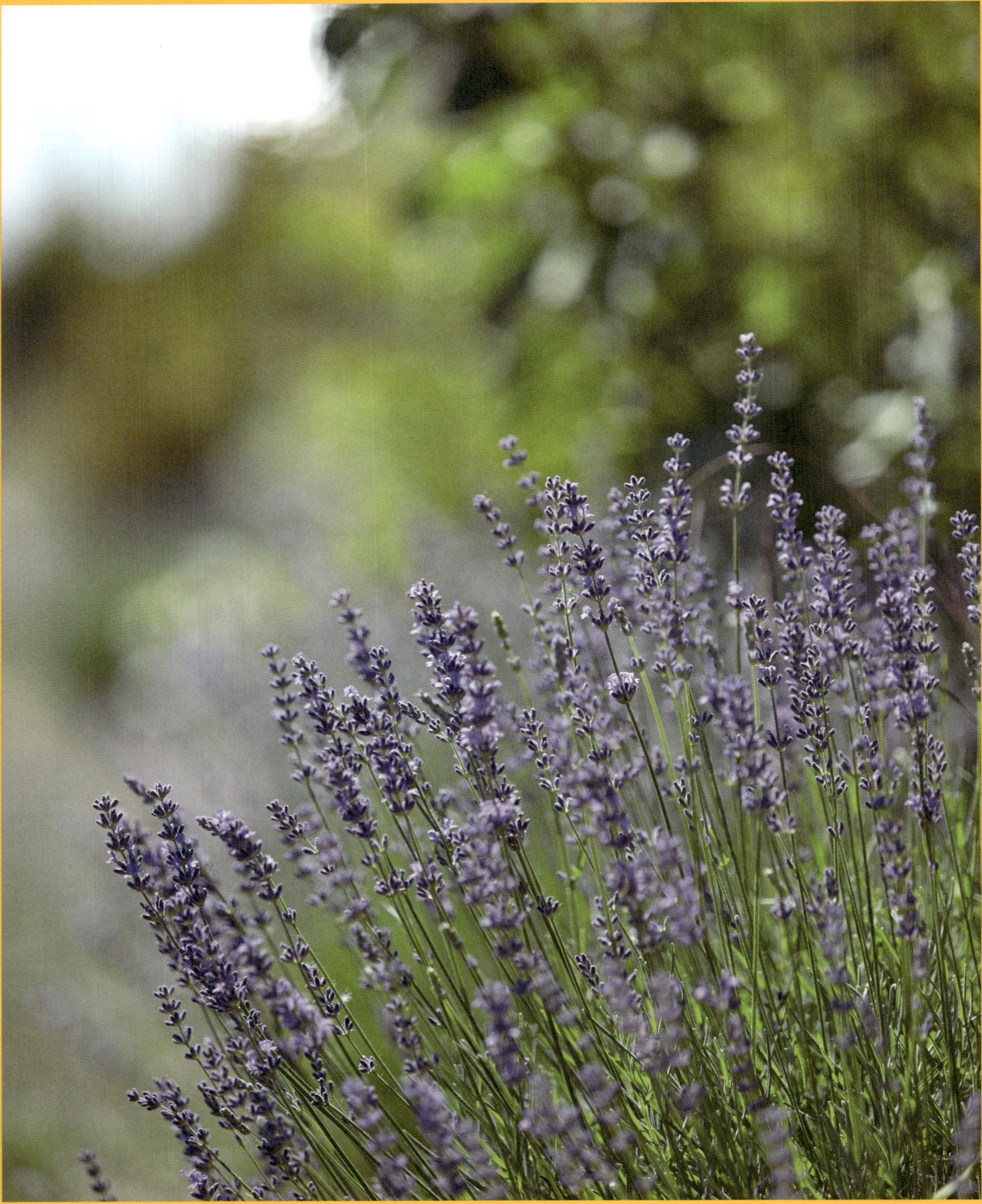

JOSY JONES
GRAFIKDESIGN UND ILLUSTRATION

Assoziationen mit Zauberponys, kleinen Hexen und Prinzessinnen weckt das Wort „Jungunternehmer" nicht unbedingt. Doch genau damit verdient die in Wörth ansässige Josy Jones ihren Lebensunterhalt.

Sie ist Freiberuflerin und arbeitet als Grafikdesignerin, Illustratorin und Autorin mit einer Spezialisierung auf Kinder- und Jugendmedien. Zu ihren Referenzen kann sie unter anderem Projekte mit „Prinzessin Lillifee", „Die Teufelskicker", „BABY born®" und „Bibi Blocksberg" zählen. Der Einstieg in den hart umkämpften Markt wurde ihr durch einige Jahre Berufserfahrung als Grafikerin in einem Verlag für Kinderzeitschriften erleichtert. So gewann sie auch den ersten Verlagskunden: ihren ehemaligen Arbeitgeber. Ihr Erfolgsgeheimnis liegt aber vor allem in ihrer Vielseitigkeit und ihren zahlreichen Talenten. So hat sie beispielsweise ihr Buch „OMG — Doodles, Handlettering und Scribbles" nicht nur selbst illustriert und gestaltet, sondern auch geschrieben.

JOSY JONES GRAPHIC DESIGN & ILLUSTRATION
JOSEPHINE SCHWAN-JONES
BEETHOVENSTRASSE 4 · 76744 WÖRTH
T 07271 5086164
INFO@JOSYJONESDESIGN.COM · WWW.JOSYJONESDESIGN.COM

KELLER-GESTALTER

ATELIER FÜR GRAFIK-DESIGN

Wie gibt man einem Unternehmen ein Gesicht? Diese Frage beschäftigt Diplom-Designer Rainer Keller ...

... und sein junges Team im südpfälzischen Niederhorbach. Wer als Kunde in den Agenturräumen zu Gast ist, wird von einem unkonventionellen, wohnlichen Ambiente überrascht. An langer, gemütlicher Tafel mit Kaminfeuer lässt sich gut über neue Ideen und gestalterische Visionen nachdenken und austauschen. Kernbereich der Kellergestalter ist das klassische Grafik-Design in all seinen Facetten. Weinwirtschaft und Tourismus, aber auch besonders die jungen Unternehmen machen vom Leistungsspektrum des Ateliers Gebrauch. „Wir haben bereits vielen Start-ups mit einem passenden Erscheinungsbild auf den Weg geholfen", betont Rainer Keller. „Es ist spannend, das Einzigartige und Individuelle unserer Kunden herauszuarbeiten!" Er verweist stolz auf seinen Mitarbeiter Max Santo, der nach seinem Kunststudium seit der ersten Stunde fest dazugehört, und auf Alena Poser, die seit Anfang 2018 als Auszubildende zur Mediengestalterin das Team ergänzt.

KELLERGESTALTER
RAINER KELLER · DIPLOM-DESIGNER (FH)
RAIFFEISENSTRASSE 16 · 76889 NIEDERHORBACH
T 06343 7843
KELLER@KELLERGESTALTER.DE · WWW.KELLERGESTALTER.DE

NIEDERHORBACH

SCHLOSS BAD BERGZABERN

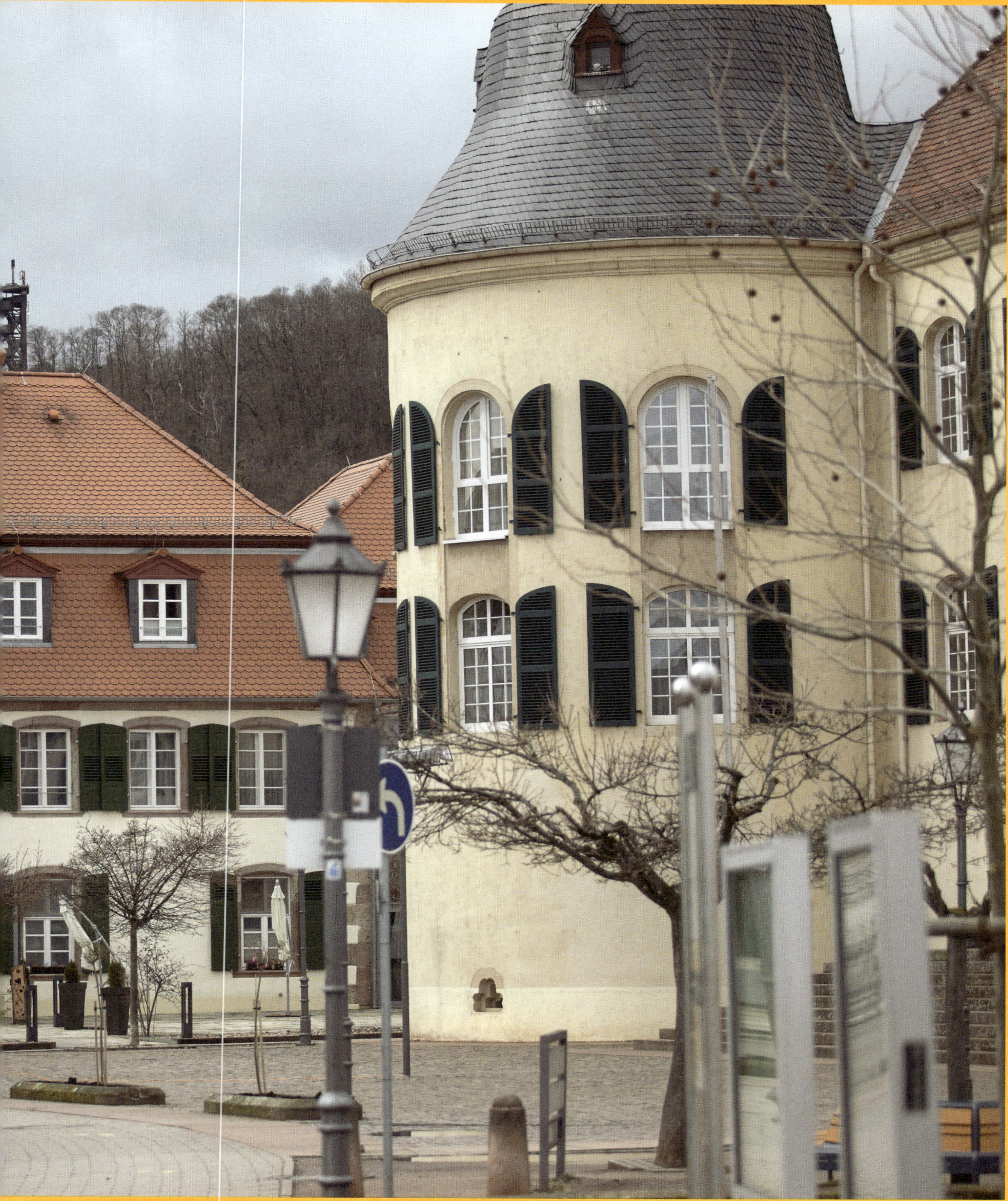

BAD BERGZABERN

CULINARIUM
RESTAURANT

Im Culinarium in Bad Bergzabern wird die Basis des guten Kochens innovativ auf den Teller gebracht, womit Gäste immer aufs Neue begeistert werden.

So werden zu angemessenen Preisen klassische Gerichte mit neuen Produkten kombiniert und modern interpretiert. Direkt am Kurpark gelegen, können Gäste die schöne Atmosphäre des Restaurants und die wohlschmeckende Küche auch im Freien auf der Terrasse genießen. Auch exzellenter Service kommt dabei nicht zu kurz. Ausgewählte Weine runden das Gesamtkonzept des Restaurants ab und sorgen für ausgezeichnete Qualität im Glas, die man zu Winzerpreisen auch als Flasche für zuhause kaufen kann. Als gelernte Hotelfachfrau mit Schwerpunkt Restaurant und Koch mit Erfahrung in mehreren Sterneküchen bilden Besitzer und Ehepaar Felicitas und Nico Krüger ebenso im Betrieb die perfekten Gegenstücke zueinander. Von ihrem Erfolg als Gastronomen und der Verwirklichung ihres Traums nicht wegzudenken ist aber auch ihr treues und bemerkenswertes Team, ohne das nichts funktionieren würde.

CULINARIUM
NICO & FELICITAS KRÜGER
RÖTZWEG 9 · 76887 BAD BERGZABERN
T 06343 7007810
POST@MEIN-CULINARIUM.DE · WWW.MEIN-CULINARIUM.DE

JULAINE
WOLLE, STOFF & STUFF

Mit JuLaine hat sich Juliane Bohrer ihren lange gehegten Traum vom eigenen Woll- und Stoffgeschäft in Bad Bergzabern erfüllt. Gemeinsam mit ...

... ihrem kompetenten, sympathischen Team betreut sie begeisterte Selbermacher, denn Stricken und Nähen sind wieder hoch im Kurs. Bei JuLaine findet man erlesene Wolle und Stoffe, auch in Bioqualität, dazu die passenden Anleitungen, Schnitte und das entsprechende Zubehör. Rund um die Handarbeiten werden alle Fragen gerne beantwortet, Tipps gegeben und die eine oder andere Masche für den Kunden angeschlagen. Der liebevoll dekorierte Laden lädt zum gemütlichen Stöbern, Entdecken und Verweilen ein. Kleine ausgewählte Geschenke und edle Papeterie ergänzen das Sortiment. Mit zum Konzept gehören die gut besuchten Nähkurse und Workshops für Erwachsene und Jugendliche unter fachkundiger Anleitung einer Schneidermeisterin. JuLaine ist Fachhändler für Elna Nähmaschinen, diese stehen für alle Kurse zur Verfügung. Wer darüber hinaus eigene Näh- oder Strickprojekte verwirklichen möchte, ist im offenen Nähen und Stricken in der Gruppe herzlich willkommen.

JULAINE
JULIANE BOHRER
MARKTSTRASSE 29 · 76887 BAD BERGZABERN
T 06343 9249978
JULIANE@JULAINE.DE · WWW.JULAINE.DE

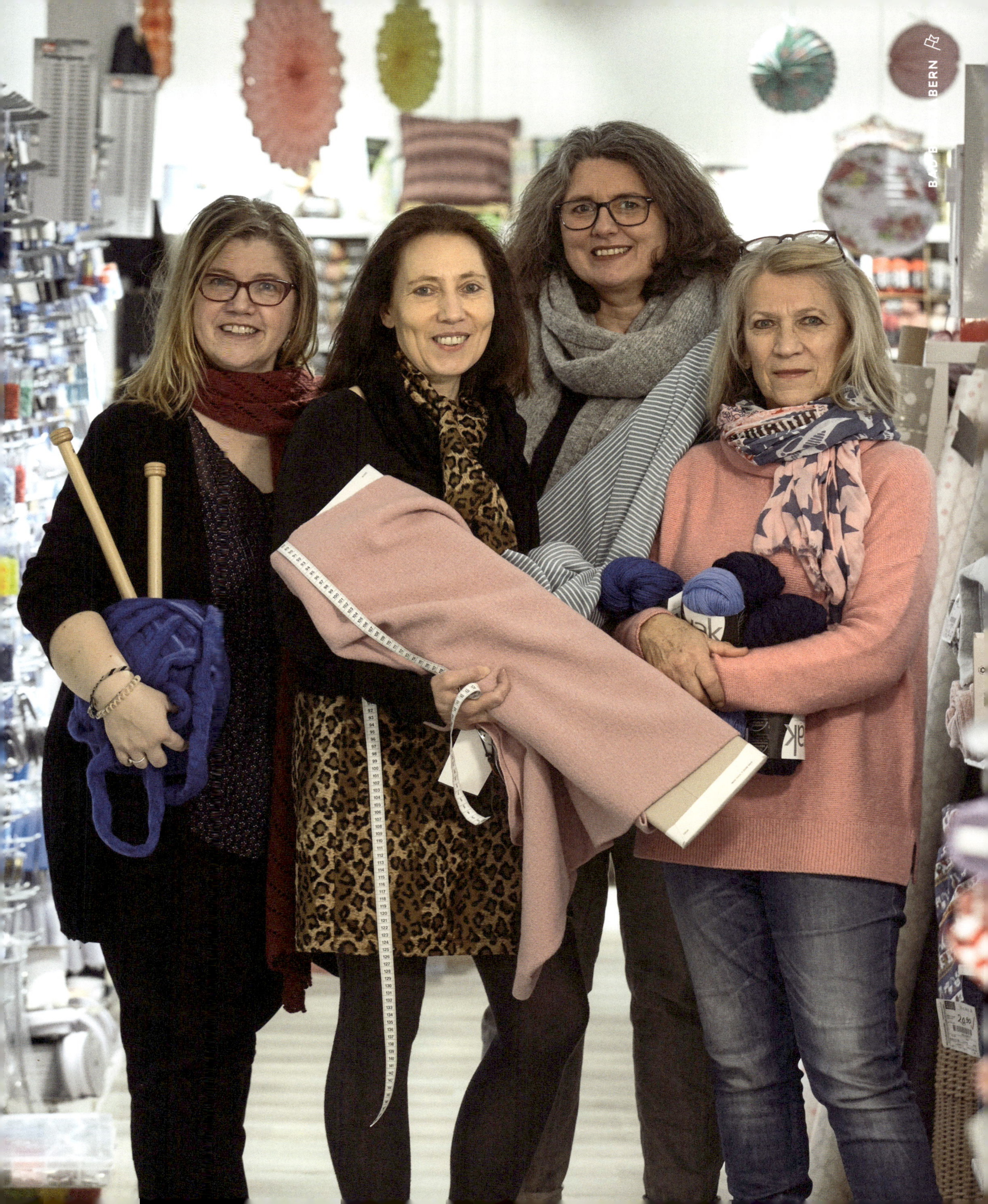

BAD BERGZABERN

KAFFEEFLECK

KAFFEERÖSTEREI & MEHR ...

Wer wissen möchte, wie man den Bogen von der Kaffeekultur zur Kultur schlägt, sollte im Kaffeefleck Pause machen.

Sabine Schmitt-Gilke hat sich zusammen mit ihrem Mann Bernhard den Traum vom eigenen Tageskaffee erfüllt. Der Lokführer hat sich in mühevoller Arbeit in die hohe Kunst des Kaffeeröstens eingearbeitet. Und das mit großem Erfolg, so dass einige Kunden vom „weltbesten Kaffee" sprechen. Das Angebot ist sehr vielfältig und offeriert saisonale Highlights wie z. B. den Mandel-Kaffee, den Keschde-Kaffee, den Haselnuss-Kaffee oder Sonderröstungen mit Rebholz. „Beim Kaffee ist es wie beim Wein. Es entstehen tausende Aromen", erklärt Bernhard Schmitt begeistert. „Wir möchten, dass Menschen sich hier beim Kaffee-Genuss begegnen und mit Kunst und Kultur in der Region in Verbindung kommen. Deshalb bieten wir wechselnde Kunstausstellungen." Der Renner sind aktuell die Kulturabende mit kleinem 3-Gänge-Menü. Neben ausgesuchten Törtchen der Patisserie Daniel Rebert gibt es auch das erste „Kneipp-Frühstück" sowie das sehr beliebte „Fleckfrühstück".

KAFFEEFLECK
SABINE SCHMITT-GILKE
MARKTSTRASSE 1 · 76887 BAD BERGZABERN
T 06343 9254290
INFO@KAFFEEFLECK.DE · WWW.KAFFEEFLECK.DE

WEINGUT GEISSER

WEINGUT

„Jedes Unternehmen ist nur so stark wie die Gemeinschaft", weiß Inhaber Florian Geisser. Die familiäre Zusammenarbeit und ...

... gegenseitige Unterstützung des Weinguts Geisser begrenzt sich daher nicht nur auf den engeren Familienkreis, sondern schließt alle Mitarbeiter gleichermaßen mit ein. Auch ihre langjährigen Kunden wissen ihre herzliche Art zu schätzen. Mit derselben Sorgfalt und Liebe produzieren Vater Uwe und Sohn Florian natürlich auch die hauseigenen Weine. An fünf verschiedenen Lagen mit unterschiedlichen Bodentypen wachsen die Trauben des Weinguts. Von welcher Lage ein Wein kommt, verraten die Siegel, die auf die Etiketten der Flaschen gedruckt werden. Mit gezieltem Einsatz von Pflanzenstärkungsmitteln und der Beobachtung der Wettergegebenheiten verzichten die Winzer beim Ausbau fast komplett auf Pflanzenschutzmittel. Durch Zurückhaltung beim Eingreifen der natürlichen Gärungs- und Reifungsprozesse und das Einsetzen modernster Kellertechnik entwickeln die Weine ihren individuellen Charakter.

WEINGUT GEISSER
UWE UND FLORIAN GEISSER
LÄNGELSSTRASSE 1 · 76889 SCHWEIGEN-RECHTENBACH
T 06342 7502
INFO@WEINGUT-GEISSER.DE · WWW.WEINGUT-GEISSER.DE

SCHWEIGEN-RECHTENBACH

BLICK AUF DEN WEINORT KLINGEN IN DER SÜDPFALZ

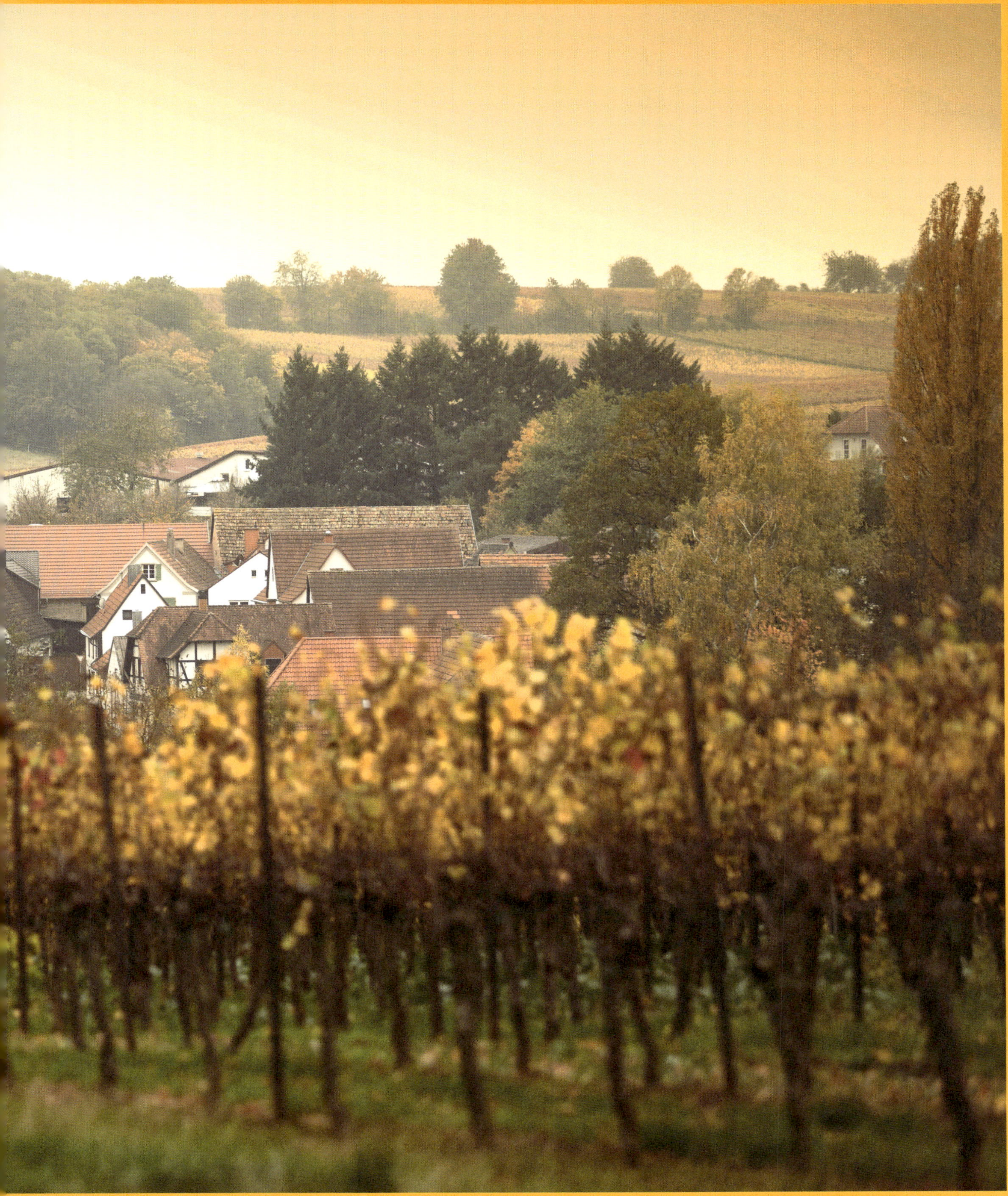

ADRESSVERZEICHNIS

110
BEAUTÉ CONCEPT

ANNA HÖFERT
CORNICHONSTRASSE 16 · 76829 LANDAU
T 06431 2665495
INFO@BEAUTE-CONCEPT.DE
WWW.BEAUTE-CONCEPT.DE

34
BLACK SHEEP TATTOO

FILIP DUBOWSKI
PHILIPP-MAYER-STRASSE 7 · 67304 EISENBERG
T 06351 4781632
INFO@BLACKSHEEPTATTOO.DE
WWW.BLACKSHEEPTATTOO.DE

44
CAFÉ NOSTALGIE

MANUELA DELLA PEPA
AN DER FOHLENWEIDE 35 · 67112 MUTTERSTADT
T 06234 9453849
WWW.CAFE-NOSTALGIE-MUTTERSTADT.DE

22
CAFÉ SUSANN

MAIKE SUSANN GEMBA
OSTERSTRASSE 7 · 67655 KAISERSLAUTERN
T 0631 84286771
INFO@CAFESUSANN.DE
WWW.CAFESUSANN.DE

94
CARO'S CAFÉ & STYLE

CAROLIN HOCHDÖRFFER
HAUPTSTRASSE 16 · 67482 VENNINGEN
T 06323 8034161
INFO@CAROS-CAFEUNDSTYLE.DE
WWW.CAROS-CAFEUNDSTYLE.COM

134
CULINARIUM

NICO & FELICITAS KRÜGER
RÖTZWEG 9 · 76887 BAD BERGZABERN
T 06343 7007810
POST@MEIN-CULINARIUM.DE
WWW.MEIN-CULINARIUM.DE

50
DIE BROTPURISTEN

SEBASTIAN DÄUWEL
BAHNHOFSTRASSE 51/53 · 67346 SPEYER
T 0177 4702094
SEBASTIAN@DIEBROTPURISTEN.DE
WWW.DIEBROTPURISTEN.DE

48
DIE SPEYERER FLEISCHBOUTIQUE

SEBASTIAN JESS
KLEINE PFAFFENGASSE 3 · 67346 SPEYER
T 06232 8719733
INFO@FLEISCHBOUTIQUE-SPEYER.DE
WWW.FLEISCHBOUTIQUE-SPEYER.DE

112
ESSLUST

ANJA KLETT UND DIANA SORIA
KÖNIGSTRASSE 11 · 76829 LANDAU
T 06341 2681026
INFO@ESSLUST-LANDAU.DE
WWW.ESSLUST-LANDAU.DE

ADRESSVERZEICHNIS

27
FRÄULEIN LENZ
ANNE FABER UND CARLA JENNEWEIN
MÜHLSTRASSE 19 · 67728 MÜNCHWEILER
T 0157 71411006
KONTAKT@FRAEULEIN-LENZ.DE
WWW.FRAEULEIN-LENZ.DE

96
GUT VON BEIDEN
JOCHEN LAQUÉ UND PHILIPP MÜLLER
HAUPTSTRASSE 25 · 67483 KLEINFISCHLINGEN
T 06347 700896
WEIN@GUTVONBEIDEN.COM
WWW.GUTVONBEIDEN.COM

106
HAUTNAH
BERND BROGHAMMER
KARL-ZIEGLER-STRASSE 4 · 76829 LANDAU
T 06341 80748
INFO@TATTOO-HAUTNAH.DE
WWW.TATTOO-HAUTNAH.DE

52
HERZ ÜBER KOPF
CHRISTIANE HOCHREITHER
KAROLINGERSTRASSE 10 · 67436 SPEYER
T 0170 6972777
KONTAKT@HERZUEBERKOPFKULTUR.DE
WWW.HERZUEBERKOPFKULTUR.DE

28
HETSCHMÜHLE
WALTER HETSCH
PFRIMMERHOF 3 · 67729 SIPPERSFELD
T 06357 9753-80 ODER 81
INFO@CAMPINGPLATZ-PFRIMMTAL.DE
WWW.CAMPINGPLATZ-PFRIMMTAL.DE
WWW.HETSCHS-VINOTHEK.DE

92
HOFGARTEN ROSA
FAMILIE ECCARIUS-GÖMANN
HAUPTSTRASSE 1 · 76831 ILBESHEIM
T 06341 9953152
INFO@HOFGARTENROSA.DE
WWW.HOFGARTENROSA.DE

129
JOSY JONES
JOSEPHINE SCHWAN-JONES
BEETHOVENSTRASSE 4 · 76744 WÖRTH
T 07271 5086164
INFO@JOSYJONESDESIGN.COM
WWW.JOSYJONESDESIGN.COM

136
JULAINE
JULIANE BOHRER
MARKTSTRASSE 29 · 76887 BAD BERGZABERN
T 06343 9249978
JULIANE@JULAINE.DE
WWW.JULAINE.DE

138
KAFFEEFLECK
SABINE SCHMITT-GILKE
MARKTSTRASSE 1 · 76887 BAD BERGZABERN
T 06343 9254290
INFO@KAFFEEFLECK.DE
WWW.KAFFEEFLECK.DE

ADRESSVERZEICHNIS

82
KAISERS IDEENREICH

NINA GLANZ & STEFAN HITSCHLER
TRAMINERWEG 7 · 76835 RHODT UNTER RIETBURG
T 06323 986950
INFO@KAISERS-IDEENREICH.DE
WWW.KAISERS-IDEENREICH.DE

130
KELLERGESTALTER

RAINER KELLER · DIPLOM-DESIGNER (FH)
RAIFFEISENSTRASSE 16 · 76889 NIEDERHORBACH
T 06343 7843
KELLER@KELLERGESTALTER.DE
WWW.KELLERGESTALTER.DE

126
KG NATUR PUR

KLAUS GÖTZ
HAUPTSTRASSE 18 · 76773 KUHARDT
T 0157 71940619
KG.NATUR.PUR@GMAIL.COM
WWW.KG-NATUR-PUR.DE

103
KULTURCANTINA

CLAUDIA BALLESTER
OSTBAHNSTRASSE 3B · 76829 LANDAU
T 06341 9874596
INFO@KULTURCANTINA.DE
WWW.KULTURCANTINA.DE

90
METZGEREI KIEFFER

CHRISTINA UND SEBASTIAN KIEFFER
KAPELLER STRASSE 5 · 76887 BAD BERGZABERN
T 06343 8241
INFO@METZGEREI-KIEFFER.DE
WWW.METZGEREI-KIEFFER.DE

114
MIT HERZ UND LEIDENSCHAFT

MONIKA FÖRSTER
STADTSCHREIBERGASSE 3 · 76829 LANDAU
T 06341 2699430
INFO@MITHERZUNDLEIDENSCHAFT.DE
WWW.MITHERZUNDLEIDENSCHAFT.DE

54
NATURPUR

SIMONE WERLING
SPEYERER STRASSE 7 · 67373 DUDENHOFEN
T 06232 2984030
INFO@SHOP-NATURPUR.DE
WWW.SHOP-NATURPUR.DE

60
ROHSTOFF

JOHANNES LOCHNER
KUNIGUNDENSTRASSE 1
67433 NEUSTADT AN DER WEINSTRASSE
T 06321 9545628
INFO@ROHSTOFF-WEIN.DE
WWW.ROHSTOFF-WEIN.DE

58
SIR HENRY

BJÖRN BRAUN · MAIKE HOF · MAX SCHMIDT
HAUPTSTRASSE 32 · 67473 LINDENBERG
T 06325 9807027
HALLO@SIRHENRY-KREATIVAGENTUR.DE
WWW.SIRHENRY-KREATIVAGENTUR.DE

ADRESSVERZEICHNIS

46
SOLE MIO

SARINA SCHNEIDER
SCHILLERSTRASSE 5 · 67165 WALDSEE
T 06236 5099360
INFO@SALZGROTTE-WALDSEE.DE
WWW.SALZGROTTE-WALDSEE.DE

104
SÖRKEL – CAFÉ WEIN UND CO

SABINE RADETZKY-GRETOIRE
OSTBAHNSTRASSE 25 · 76829 LANDAU
T 06341 9947116
INFO@SOERKEL-LANDAU.DE
WWW.SOERKEL-LANDAU.DE

80
ST. MARTINER WEINHÄUSEL

FRANZ GIESE
HORNBRÜCKE 2 · 67487 ST. MARTIN
T 06323 981387
INFO@WEINHAEUSEL.COM
WWW.WEINHAEUSEL.COM

98
TEAM KERNGESUND

UTE UND BEATE KERN
ESSINGER STRASSE 49 · 76877 OFFENBACH
T 0176 20314956 · TEAMKERNGESUND@WEB.DE
WWW.KERN-ERNAEHRUNGSBERATUNG.DE
WWW.KERNGESUND-SPORT.DE

108
UNVERPACKT LANDAU

HEIKE MACK
KRONSTRASSE 34 · 76829 LANDAU
T 06341 9029515
INFO@UNVERPACKT-LANDAU.DE
WWW.UNVERPACKT-LANDAU.DE

64
VERSICHERUNGSBÜRO URICH

MARC URICH
GOETHESTRASSE 17
67435 NEUSTADT AN DER WEINSTRASSE
T 06327 645
MARC.URICH@WUERTTEMBERGISCHE.DE

36
WEINGUT BLAUL UND SOHN

DENNIS BLAUL
LUDWIGSTRASSE 42 · 67161 GÖNNHEIM
T 06322 63952
WEINGUT-BLAUL@T-ONLINE.DE
WWW.WEINGUT-BLAUL.DE

140
WEINGUT GEISSER

UWE UND FLORIAN GEISSER
LÄNGELSSTRASSE 1
76889 SCHWEIGEN-RECHTENBACH
T 06342 7502
INFO@WEINGUT-GEISSER.DE
WWW.WEINGUT-GEISSER.DE

32
WEINGUT SCHLOSS JANSON

KURT UND SARAH JANSON
SCHLOSSWEG 8
67278 BOCKENHEIM/WEINSTRASSE
T 06359 4148
INFO@SCHLOSS-JANSON.DE
WWW.SCHLOSS-JANSON.DE

ADRESSVERZEICHNIS

76
WEINGUT SCHREIECK

WOLFGANG UND FRANK SCHREIECK
FRIEDHOFSTRASSE 8 · 67487 ST. MARTIN
T 06323 5415
INFO@SCHREIECK-WEIN.DE
WWW.SCHREIECK-WEIN.DE

39
WEINGUT SECKINGER

JOSEF SECKINGER
HINTERGASSE 26 · 67150 NIEDERKIRCHEN
T 06326 980217
WEINGUT-SECKINGER@T-ONLINE.DE
WWW.WEINGUT-SECKINGER.DE

62
WEINGUT SOMMER

CHRISTOPH SOMMER
WINZERSTRASSE 25 · 67434 NEUSTADT-HAMBACH
T 06321 81702
INFO@WEINGUT-SOMMER.DE
WWW.WEINGUT-SOMMER.DE

88
WEINGUT ST. ANNABERG

VICTORIA LERGENMÜLLER
ST.-ANNA-STRASSE 203 · 76835 BURRWEILER
T 06323 949260
INFO@SANKT-ANNAGUT.COM
WWW.SANKT-ANNABERG.COM

124
WEINROT KAFFEE & WEINZIMMER

TOBIAS HÖHL & KIM LEA GUNDERMANN
HAUPTSTRASSE 113A · 76756 BELLHEIM
T 07272 9588270
BEERENAUSLESE@WEINROT.ORG
WWW.FACEBOOK.COM/WEINROT

40
WEINSTRASSENLIEBE

KERSTIN HINDERBERGER
UND SIMONE RITTER
WEINSTRASSE 15 · 67146 DEIDESHEIM
T 06326 2188011
INFO@WEINSTRASSENLIEBE.DE
WWW.WEINSTRASSENLIEBE.DE

66
WEIN- UND GÄSTEHAUS ZÖLLER

THOMAS ZÖLLER
MARKTSTRASSE 16 · 67489 KIRRWEILER
T 06321 58287
ZOELLER@WEINHAUS-ZOELLER.DE
WWW.WEINHAUS-ZOELLER.DE

LUST AUF NOCH MEHR PFALZ?

Wein, mildes Klima und entspanntes Ambiente machen die Pfalz nicht nur für Touristen attraktiv, sondern sind auch die perfekte Voraussetzung, um der Kreativität freien Lauf zu lassen. Von verspielt bis stylisch, von Handwerk bis Kleinkunst, von Malern und Bildhauern bis hin zu modernen Gestaltungslösungen für Firmen — die Pfalz begeistert und inspiriert.

Entdecken Sie die Region von ihrer faszinierenden und schöpferischen Seite!

KREATIVE PFALZ
160 Seiten
21×26 cm
Hardcover mit Prägung

978-3-86528-941-4

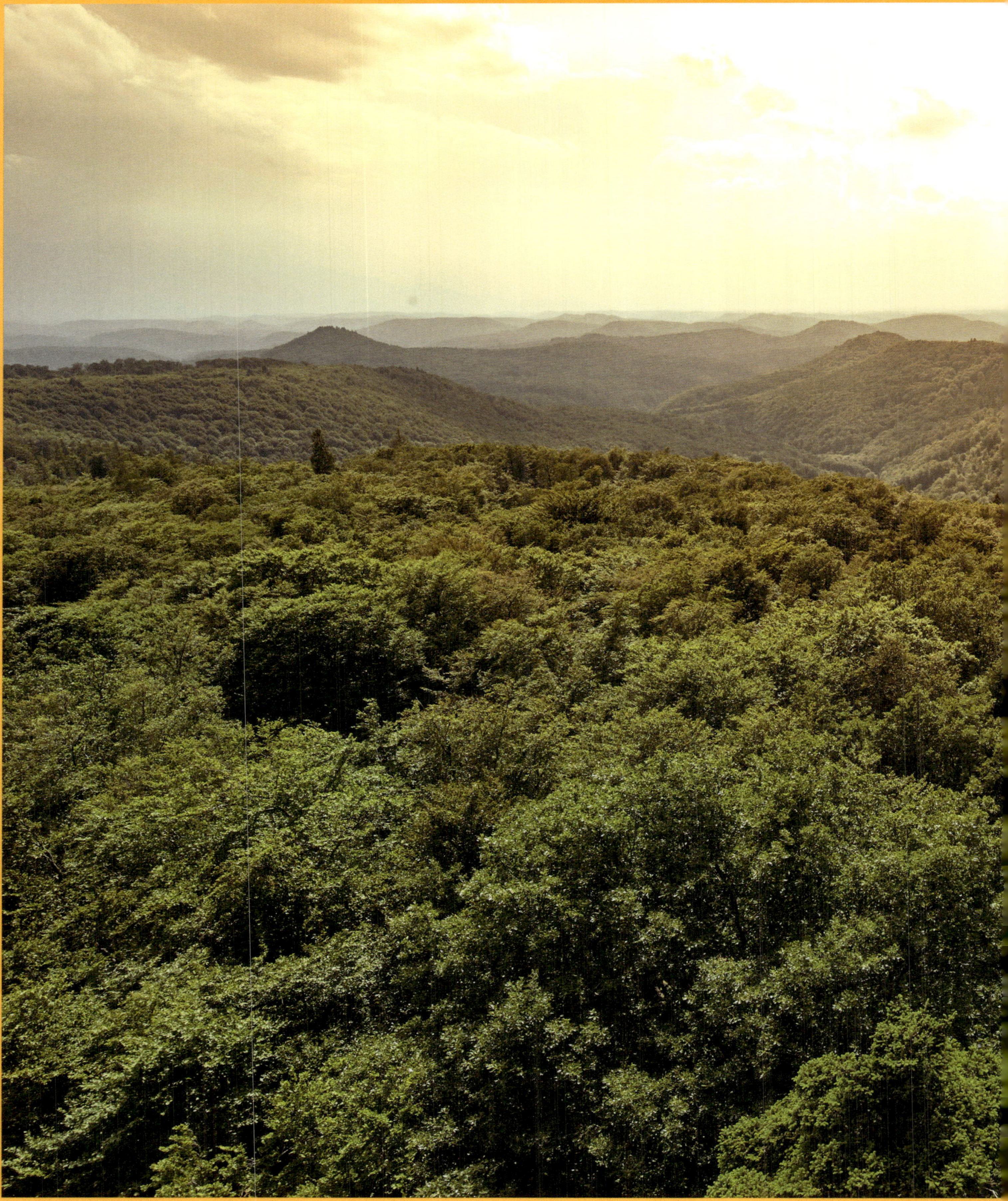

BLICK VOM LUITPOLDTURM
AUF DEN PFÄLZER WALD

IMPRESSUM

© 2018 NEUER UMSCHAU BUCHVERLAG GMBH
Neustadt an der Weinstraße

Alle Rechte der Verbreitung in deutscher Sprache, auch durch Film, Funk, Fernsehen, fotomechanische Wiedergabe, Tonträger jeder Art, auszugsweisen Nachdruck oder Einspeicherung und Rückgewinnung in Datenverarbeitungsanlagen aller Art, sind vorbehalten.

RECHERCHE
Kai-Uwe Lippler · Annweiler
umschau.kaiuwelippler.de

FOTOGRAFIE UND TEXT
Oliver Götz · Föhren
www.werbefotografie-goetz.de
Oliver Götz, Jahrgang '64. Nach den Stationen Film- und Medientechnik, handwerkliche Fotografen-Ausbildung, Studioleiter in einer Werbeagentur und Meisterschule arbeitet Oliver Götz heute als selbstständiger Werbefotograf mit eigenem Studio in Föhren bei Trier.

TEXT
Josy Jones · Wörth
www.josyjonesdesign.com
Josy Jones wurde 1990 in Nürnberg geboren. Nach der High School in South Carolina absolvierte sie eine Ausbildung zur Grafikdesignerin an der Carl-Hofer-Schule in Karlsruhe. Seit 2015 ist sie als Grafikerin, Autorin und Illustratorin selbstständig tätig.

LAYOUT
Dirk Wagner · Wagner Rexin Gestaltung
Stutensee

PROJEKTMANAGEMENT, GESTALTUNG UND PRODUKTION
Kaisers Ideenreich · Rhodt unter Rietburg
www.kaisers-ideenreich.de

KORREKTORAT
Andreas Lenz · Heidelberg
www.lektorat-lenz.de

DRUCK UND VERARBEITUNG
NINO Druck GmbH
Neustadt an der Weinstraße
www.ninodruck.de

PAPIER
Tauro Offset

Das Team Junge Pfalz (von links): Oliver Götz, Kai-Uwe Lippler, Friederike Föhst (sitzend), Nina Glanz, Stefan Hitschler, Josy Jones

Printed in Germany

ISBN 978-3-86528-940-7

Besuchen Sie uns im Internet:
www.umschau-verlag.de

Die Empfehlungen in diesem Buch wurden von den Autoren und dem Verlag sorgfältig erwogen und geprüft, dennoch kann eine Garantie nicht übernommen werden. Eine Haftung der Autoren und des Verlages für Personen-, Sach- und Vermögensschäden ist ausgeschlossen.

Wir bedanken uns für die freundlicherweise zur Verfügung gestellten Fotos bei:
Campingplatz Pfrimmtal (Seite 28), Bernadette Boebel-Mattern (Seite 120 links, 122, 123)

Wir bedanken uns für den freundlicherweise zur Verfügung gestellten Text bei:
Isabelle Daniel (Seite 83–85), © Jochen Willner (Seite 98)